>> 校园图书角必备藏书

歇后语大全
XIE HOU YU DA QUAN

徐井才◎主编

新华出版社

图书在版编目（CIP）数据

歇后语大全/徐井才主编．
—北京：新华出版社，2013.1（2023.3重印）
ISBN 978－7－5166－0352－9－01
Ⅰ.①歇…　Ⅱ.徐…　Ⅲ.①汉语—歇后语—少儿读物
Ⅳ.①H136.3－49
中国版本图书馆CIP数据核字（2013）第018058号

歇后语大全

主　　　编：	徐井才
封面设计：	睿莎浩影文化传媒　　责任编辑：沈文娟
出版发行：	新华出版社
地　　　址：	北京石景山区京原路8号　　邮　　编：100040
网　　　址：	http://www.xinhuapub.com
经　　　销：	新华书店
购书热线：	010－63077122　　中国新闻书店购书热线：010－63072012
照　　　排：	北京东方视点数据技术有限公司
印　　　刷：	永清县晔盛亚胶印有限公司
成品尺寸：	165mm×230mm
印　　张：	12　　　　　　　　　　字　　数：180千字
版　　次：	2013年3月第一版　　印　　次：2023年3月第三次印刷
书　　号：	ISBN 978－7－5166－0352－9－01
定　　价：	36.00元

前言

　　歇后语是一种独特的语言形式，也是汉语词汇的重要组成部分，它以特殊的结构、生动活泼的表现形式和妙趣横生的表达效果为人们所喜闻乐见。歇后语包括两部分：前一部分是形象的比喻，就像谜语，起"引子"的作用；后一部分是贴切的说明，就像谜底，起"后衬"的作用。

　　歇后语是人们生活经验与智慧的结晶，一般以口语方式流传下来，言简意赅而又非常形象生动。通常情况下，一个人说出歇后语的前半截，其他人就能领会和猜出它的意思。

　　歇后语能使话语风趣活泼，文章生动幽默。如果能够熟练地掌握一定数量的歇后语，那么不论是说话还是写文章都会更加吸引人，给人留下更深的印象。

为了满足小朋友们的学习需要，我们精心编写了这本书。书中收录了500多条常见而且趣味十足的歇后语，并把它们分类编排，以便查找。全书共分19篇，在每篇篇首都选了一个有生动插图的精彩故事来做引导，用以加深小朋友们对歇后语的理解。同时，全书每篇文字都加注了规范的拼音，非常适合小朋友们自己阅读，可以让小朋友们享受独立阅读的乐趣。

熟读本书，相信小朋友们一定会被它吸引，并在日常生活和学习中妙语连珠、落笔生花。

目 录

歇后语故事

孔夫子拜师——不耻下问 / 1

七窍通六窍——一窍不通 / 9

一毛不拔——铁公鸡 / 19

周瑜打黄盖——一个愿打，一个愿挨 / 27

班门弄斧——不知高低 / 39

狐狸带着老虎走——狐假虎威 / 47

拔苗助长——适得其反 / 65

千里送鹅毛——礼轻情义重 / 75

长袍马褂瓜皮帽——老一套 / 87

拿杨柳当棒使——好大的劲 / 95

塞翁失马——安知非福 / 113

卖油翁灌油——熟能生巧 / 121

姜太公做买卖——样样赔本 / 133

八月十五吃月饼——正是时候 / 141

长江流水——滔滔不绝 / 151

掩耳盗铃——自欺欺人 / 159

死诸葛吓走活仲达——生不如死 / 165

韩信点兵——多多益善 / 171

八仙过海——各显神通 / 179

歇后语集锦

学习篇 / 3

语言篇 / 11

数字篇 / 21

名著篇 / 29

文化篇 / 41

动物篇 / 49

植物篇 / 67

生活篇 / 77

服饰篇 / 89

器具篇 / 97

交通篇 / 115

百业篇 / 123

经济篇 / 135

季节篇 / 143

地理篇 / 153

法制篇 / 161

计谋篇 / 167

军事篇 / 173

神话篇 / 181

孔夫子拜师——不耻下问

孔子是我国春秋末期思想家、政治家、教育家,儒学的创始者。

孔子15岁时开始发愤读书,碰到疑难问题,总是追根究源。他还常常向不如自己但有一技之长的人学习,这就是他提倡的"不耻下问"。

一次,孔子参加太庙祭祀典礼,因为是第一次参加,所以在整个过程中所见所闻,从祭祀用的牛羊一直到伴奏的音乐,样样都觉得新鲜,他就一一向人请教。等到祭祀完毕人们离开时,他还拉住别人的衣服,请教一些没有弄明白的问题。旁人看到他总是打破沙锅问到底,就称他是"每事问"。意思就是说,对每件事都要问一问。靠着这种"每事问"的学习精神,孔子才有了渊博的学问。

后来,孔子已经名满天下。有一次,他途经山西,有一个叫项橐的7岁小孩在孔子必经之路上用捡来的石块垒了一座"城"。孔子叫项橐让道,项橐却说孔子如此大的年纪却不懂事理,并问孔子:世上到底是车让城,还是城让车?这一句话问得孔子哑口无言,暗自认输,并一拱手拜项橐为师,绕"城"走了。

"孔夫子拜师——不耻下问",这个歇后语用来比喻肯向地位在自己之下,学问比自己差的人求教,而不以为耻。

学问无大小——能者为师

释义 指不管文化水平、理论知识是高是低,谁在某一方面或某一领域有能力,就可以向他学习。

例句 如今的社会并不缺少有知识的人,关键是看他有没有胜任某项工作的能力,正所谓学问无大小——能者为师。

讲课又是老一套——屡教不改

释义 屡:多次。形容有的人犯错误以后,经过多次教育仍不改正。

例句

这个犯罪分子已经进监狱三次了,可他还是"讲课又是老一套——屡教不改",看来得想想其他办法了。

老鼠钻书箱——咬文嚼字

释义

本指老鼠咬书,转指人说话过分斟酌字句。

例句

"写信,虽不求衔华佩实,但总不能信笔涂鸦吧?事情要有个起因结果。"石必生连连摆手:"罢!罢!你别老鼠钻书箱——咬文嚼字了。"(熊尚志《藕和花的故事》九)

弟子干活——徒劳

释义

弟子:徒弟。本指徒弟劳动干活,转指做事白费力气。

例句

也不知他是怎么想的,明知道做这件事是弟子干活——徒劳,可他还要坚持做下去。

小学生看书——念念不忘

释义 本指反复朗读书上的内容就不会轻易忘记，转指对于某人或某事印象深刻，不能忘记。

例句 她已经去世三年了，可我对她还是小学生看书——念念不忘，每当看到她的照片，就想起她生前的音容笑貌。

闭着眼睛进学堂——不认输（书）

指在某事或某工作中遭遇挫折以后，不承认自己失败。

例句 老郑就是凭着那股闭着眼睛进学堂——不认输（书）的干劲，取得了今天的成就。

课本掉进水缸里——失（湿）业（页）了

释义 本指书页被打湿了，转指失去了工作。

例句 我问老王为什么一副无精打采的样子,他无奈地说:"唉!还不是课本掉进水缸里——失(湿)业(页)了。"

课堂上打瞌睡——心不在焉

释义 焉:于此。形容做事思想不集中。

例句 瞧他那副课堂上打瞌睡——心不在焉的样子,也不知道他在胡思乱想什么。

没复习上考场——听天由命

释义 指不做主观努力,任由事态自然发展变化,用来比喻做事碰机会、撞运气。

例句 我问他这次失业后有什么打算,他随便说了一句:"没复习上考场——听天由命吧!"

十年寒窗中状元——先苦后甜

释义 状元:泛指古代科举考试中,获得第一名的人。指只有经过艰苦努力，才能获得事业、生活的成功。

例句

以前他家里穷得叮当响，但通过一家老小的辛勤劳动，现在家里要什么有什么，真是十年寒窗中状元——先苦后甜啊！

脸上写字——表面文章

释义

本指文字写在面部，转指只注重表面形式，实际并非如此。

例句

你别看她刚才那么热情，其实是脸上写字——表面文章，做样子给别人看呢！

手心里写字——明摆着给你瞧

释义

指事情摆在明处，让人看得清清楚楚。

例句

他到底有什么经历，我们可以翻开他的档案看一看，到时候不是手心里写字——明摆着给你瞧吗？

孔夫子搬家——尽是输(书)

释义

孔夫子就是孔子,他是儒家学派的创始人。他读书很多,学问很深。因为家里书多,所以他搬家的时候,家当大部分都是书。这里比喻总是输,没有赢的时候。

例句

小明的乒乓球技术没有小丁好,可是今天两人连打几局,小丁都是孔夫子搬家——尽是输(书),也不知道他到底是怎么了。

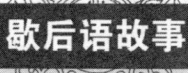

歇后语故事

七窍通六窍——一窍不通

有一个地主,养了一个独生子。这个独生子非常笨,连着请了好几个老师都不行,地主就花大价钱,从外地请了一个很有名的先生做儿子的老师。

但是,这个独生子每天就知道吃喝玩乐,根本不去读书,这位先生即使再有本事,到这里也是白费,先生很是生气。一天,地主问先生:"我的儿子最近读书有没有长进?"先生回答说:"七窍

通了六窍。"地主听了,以为儿子大有进步,非常高兴,逢人便讲。

大家都在暗地里嘲笑地主,这时,一个邻居对地主说:"七窍通了六窍,这叫一窍不通,人家是在说你的儿子什么都不懂,你怎么连这个都不知道啊!"地主顿时目瞪口呆。

关于"一窍不通"的记载,最早能在《吕氏春秋》这本书里找到。书中写到,残暴的商纣王听信宠妃妲己的话,下令将自己的亲叔父比干的胸膛剖开,取出心肝。书里评价这件事情时写道:如果纣王的心通了一窍,就不会做出糊涂事把比干杀了。

"七窍通六窍——一窍不通",这个歇后语用来形容人什么也不知道,一点儿也不懂,非常糊涂。

两横加一竖——干

释义 干:做。指人做事果断、不迟疑。

例句 其实,发家致富没有什么捷径,就是靠两横加一竖——干呗!

林大哥——木木的

释义 木:不灵敏。林字由两个木字组成。指人脑筋不灵活、愚钝。

例句 你看他每天也不爱说话,目光呆滞,简直就是林大哥——木木的。

人字双着写——不从也得从

释义 两个人字构成从字。指迫于形势或外来压力，不得不顺从。

例句 我叫你过来，你就快点，磨蹭也没用，今天这事是人字双着写——不从也得从。

自大一点——念个"臭"

释义 自、大两字再加上一点就构成臭字。通常指人行为拙劣，或办事不高明。

例句 他认为自己设计的那个方案棒极了，其实是自大一点——念个"臭"。

者字旁边安只眼——有目共睹

释义 目字和者字构成睹字。指人人都可以极为明显地看见。

例句

别总认为自己耍点儿小聪明就很高明，事实上，是非曲直是者字旁边安只眼——有目共睹的。

心字头上一把刀——忍一点儿

释义

"心"上加"刃"构成忍字，刃指刀上锋利的部分，这里以刃代刀。指忍受，忍耐。

例句

她是爱唠叨，可她也是为你好，你就心字头上一把刀——忍一点儿嘛！

兔子掉尾巴——免了

释义

兔字去掉一点就成了免字。指去掉，免除。

例句

农业税收给农民生活带来了负担，真没想到从去年开始，兔子掉尾巴——免了，这下可乐坏了老百姓了！

师字头上去了横——真帅

释义 师字去了右边的一横就成了帅字。形容男人英俊、潇洒、风流倜傥。

例句 哇！你看那边走过来的那个小伙子，实在是师字头上去了横——真帅啊！

王字少一横——有点儿土

释义 王字去掉上面一横就成了土字。指人不时髦、不前卫。

例句 他刚从老家来到城里，言行举止、衣着打扮都与城里人格格不入，真是王字少一横——有点儿土。

和尚的住处——妙（庙）

释义 形容非常优秀。

例句 他把孙老师写的对联张贴起来,称赞说:"你们看,这上面的字可真是和尚的住处——妙(庙)啊!"

蜗牛赛跑——慢

释义 蜗牛:一种软体动物,有壳,行动缓慢。与快相对,形容速度低。

例句 他是所有人中做事最细致的一个,但是速度就是蜗牛赛跑——慢啊!

晴天听霹雳——惊

释义 霹雳:云和地面之间发生的一种强烈雷电现象,响声很大,危害也很大。比喻惊讶,不可思议。

例句 一场别开生面的拔河比赛开始了,双方憋足了劲儿拽着绳子,谁也不甘示弱,那场面有如晴天听霹雳——惊人啊!

半空中的气球——悬

释义 指没有把握,说不准。

例句 老板说最近几天就发工资,依我看啊,那是半空中的气球——悬!

脚踩西瓜皮——溜

释义 本指踩上瓜皮很滑,转指悄悄地离开。

例句 他喝酒从来没醉过,主要是因为每次喝一点儿,他就脚踩西瓜皮——溜了。

鳄鱼的眼泪——假

释义 鳄鱼:一种爬行动物,善游泳,性凶恶,传说鳄鱼进食猎物时都要流泪表示同情。指虚伪做作,没有真实性。

例句

这个犯罪嫌疑人,在人证物证面前,不肯认罪伏法,而且还装出一副可怜巴巴的样子,真是鳄鱼的眼泪——假得很!

小姑娘梳头——自便(辫)

释义

指不勉强,按照自己的意愿去做。

例句

到这之后,就跟自己家一样,千万别客气,想吃什么,用什么,你就小姑娘梳头——自便(辫)吧!

没嘴的茶壶——道(倒)不出来

释义

比喻人不善言谈,有学问或心里有话,却说不出来。

例句

他心里有数,只是如同没嘴的茶壶——道不出来。

数九天不戴帽——动(冻)脑子

释义

数九天:指一年中最冷的时候。指做事要开动脑筋，三思而后行。

例句 你也真是的，数九天不戴帽——多动（冻）脑子嘛，不要光听别人想办法。

光头打伞——无法（发）无天

释义 指人做事不考虑后果，鲁莽行事。

例句 竟然敢这样对你父亲说话，我看你真是光头打伞——无法（发）无天了！

碗底的豆子——历历（粒粒）在目

释义 历历：一个一个，清清楚楚的。比喻看得很清楚。

例句 去年我们一起去朝阳公园玩，现在想起来仍旧是碗底的豆子——历历（粒粒）在目。

歇后语故事

一毛不拔——铁公鸡

春秋战国时代的思想家孟子在《孟子·尽心》中记载着一件事：墨子名翟，是战国时期的大思想家，墨家学派的创始人。他反对战争，主张"兼爱"；差不多与墨子同一时期，有一位叫杨朱的哲学家，他反对墨子学说，主张"为我"。

有一天，墨子的学生禽滑厘问杨朱："如果拔你身上的一根汗毛，能使天下的人都得到好处，你肯干吗？"杨朱回答说："天下人的

问题,绝不是一根汗毛可以解决得了的。"禽滑厘又说:"假如能的话,你肯干吗?"杨朱听了,一声不吭。

因此,当时的另一位大思想家、儒家学派的代表孟子就此评论杨朱和墨子这两位学者时说:"杨朱这个人,主张一切为自己,连拔下一根自己的汗毛以利天下,他都不干,这也太过分了。墨子则与杨朱相反,他提倡爱世上所有的人。即使自己磨光了头顶,走破了脚板,只要对天下有利,他也是愿意干的。"

"一毛不拔——铁公鸡",用来比喻此人非常吝啬小气,过分爱惜财物。

一个巴掌拍不响——孤掌难鸣

释义 本指一个巴掌拍不出声,转指势力弱,难以成事。

例句 无论他说了什么你都别开口,他一个人说还不是一个巴掌拍不响——孤掌难鸣!

二尺长的吹火筒——只有一个心眼

释义 吹火筒:生火时用来吹气鼓风的短管,一般是竹制的。比喻人呆板、愚钝,想得不全面。

例句 他可不像你所说的那么油腔滑调,其实,他是二尺长的吹火筒——只有一个心眼。

三下子少了一下子——还有两下子

释义

表扬人有本领。

例句

真没看出来，平时他不显山，不露水，到了关键时刻三下子少了一下子——还有两下子。

四两棉花八张弓——细谈（弹）细谈（弹）

释义

弓：弹棉花用的工具。指详细地交谈。

例句

这几天我们俩都不太忙，咱们可以静静地坐下来四两棉花八张弓——细谈（弹）细谈（弹）了。

五更天唱曲子——高兴得太早了

释义

五更天：天快亮的时候，旧时一夜分为五更，每更约两个小时。指做事没有长远打算，只顾眼前盲目乐观。

例句 这件事没你想得那么简单,你就别五更天唱曲子——高兴得太早了。

六月飞霜——怪事

释义 霜:天冷时,水汽在物体上凝结成的白色冰晶。在我国大部分地区,六月是不会有霜的。形容事情罕见。

例句 他可是个小气鬼,今天怎么这么慷慨大方,真是六月飞霜——怪事。

七斤面粉三斤浆——糊里糊涂

释义 浆:较浓的液体。本指用糊状物涂抹,转指人不明事理,对事物的认识模糊或混乱。

例句 我们面临的情况相当复杂,一定要保持清醒的头脑,不能七斤面粉三斤浆——糊里糊涂的。

八仙桌打掌子——四平八稳

释义

八仙桌：旧时的大方桌，每边可坐两人。掌子：这里指钉在马、驴、骡子蹄下的铁制品，可使蹄子耐磨，从而使行动平稳。指言行稳重，做事只求不出差错，却没有创意。

例句

你应该把这件事交给小王办，他向来遇事不乱，如八仙桌打掌子——四平八稳。

九毛加一毛——时髦（十毛）

释义

指人的衣着、行为时尚前卫，赶潮流。

例句

看你这一身打扮，哪里像是农村姑娘呀，分明是九毛加一毛——时髦（十毛）。

十里高山望平原——往远处看

释义

本指远望；转指做事目光长远，考虑周全。

例句 作为公司领导,你必须具备十里高山望平原——往远处看的素质,才能带领员工在激烈的市场竞争中立于不败之地。

百货大楼卖西装——一套一套的

释义 本指西服成套卖,转指人做事有条不紊。

例句 你可别看他人小,说起话来可是百货大楼卖西装——一套一套的。

千人大合唱——异口同声

释义 指大家的说法一样。

例句 对于他的讲话,与会的公司元老、领导越说越难听,最后竟成了千人大合唱——异口同声地嘲笑他。

万岁爷掉进井里——不敢劳(捞)驾

释义 万岁爷：皇帝。驾：本指车辆，借用为对人的尊称，这里指帝王。指不愿、也不敢向他人求助。

例句 别看他说要帮我，我可是万岁爷掉进井里——不敢劳(捞)驾呀！人家可是我的领导。

一二五——丢三落四

释义 落：丢下，遗漏。比喻做事粗心大意，马马虎虎。

例句 人上了年纪，记忆力开始衰退，头脑不清楚，做什么事总是一二五——丢三落四。

歇后语故事

周瑜打黄盖——一个愿打,一个愿挨

三国时期,周瑜和诸葛亮商量好了要联合起来抵抗从北方南下的曹操,双方军队在长江两岸对峙。

周瑜和诸葛亮设下计谋,让曹操把战船都连在一起后,他们的火攻方案就更进一步可行了。可是,得先派一个人去曹操那里诈降,在诈降时趁机火烧曹军战船。但是,派谁去好呢?周瑜拿不定主意。这时,老将黄盖自告奋勇

要去诈降。可是，曹操是个多疑的人，他是不会轻易相信别人的，更何况是吴国的忠臣老将黄盖呢？于是，在诈降之前，周瑜和黄盖上演了一出苦肉计。周瑜找了个理由，在众人的注视之下将黄盖打得皮开肉绽，这才使曹操相信了黄盖是因为恨周瑜而真心投靠他。结果曹操上当，周瑜得以火烧赤壁，将曹操几十万大军全部打败，并由此而奠定了魏蜀吴三分天下的局面。

　　正是因为采用了周瑜打黄盖的苦肉计，才有了火烧赤壁的成功。两个人配合演戏，最终是为了同一个目的。

　　"周瑜打黄盖——一个愿打，一个愿挨"，用来比喻双方为了同一个目的，共同来演戏，使别人相信。

关云长赴会——单刀直入

释义

据三国故事,东吴为讨回荆州,请关羽赴宴,企图在宴会上杀害关羽,关羽毫不畏惧,只带一把大刀前往,席间谈笑自如,宴后安然返回。指说话、做事不转弯抹角。

例句

经理说了几句开场白便关云长赴会——单刀直入,直奔会议主题。

刘备对孔明——言听计从

释义

指完全按照某人说的去做。

例句

唐太宗对魏征的谏言如同刘备对孔明——言听计从。

看《三国》掉眼泪——替古人担忧

释义

《三国》：指长篇历史小说《三国演义》，元末明初时罗贯中所著。转指为无关紧要、无所谓的事情而忧心忡忡。

例句

你的宝贝儿子就够你管教的了，我女儿怎么样你就别劳神了，你还看《三国》掉眼泪——替古人担忧呢？少来这一套吧。

诸葛亮摆八卦阵——内有奇门

释义

奇：据《三国演义》，诸葛亮曾布下石阵，名叫八卦阵，阵门神奇，让敌军能进难出。指表面看起来普通平凡，里面却高深莫测。

例句

刚学会小魔术的刘小乐晃了晃脑袋，得意地对他的朋友说："嘻嘻！我的魔术是诸葛亮摆八卦阵——内有奇门啊！不信，我给你们露两手。"

八擒孟获——多此一举

释义

据《三国演义》，诸葛亮曾七擒七放孟获，使其心服口服，归顺蜀汉。指做了不必要或多余的事。

例句

我刚把地板擦干净，你又擦一遍，这不是八擒孟获——多此一举。

关公舞大刀——拿手好戏

释义

关公：蜀汉大将关羽，据《三国演义》，关羽惯使青龙偃月刀。本指关公武艺高强，转指做事掌握分寸，控制能力强。

例句

齐白石是我国著名画家，画虫、鸟、鱼对他来说都是关公舞大刀——拿手好戏。

张飞绣花——粗中有细

释义 张飞：蜀汉大将。本指张飞鲁莽，却做精细的绣花活，转指做事粗心大意的人也有细心的时候。

例句 老葛是个有名的马大哈，这回出门儿，他关了煤气阀儿，拔了电视插头儿。这分明是张飞绣花——粗中有细嘛！

刘阿斗的江山——白送

释义 阿斗：蜀汉后主刘禅，刘备的儿子。据《三国演义》，魏国攻打蜀国时，刘禅不进行抵抗，开城投降，把江山拱手送给魏国。指无条件、无报酬地拱手让给别人。

例句 六一儿童节许多商场都为小朋友准备礼物，而这些礼物都是刘阿斗的江山——白送的。

蒋干盗书——上了大当

释义 据《三国演义》，曹操的谋士蒋干在劝降周瑜时，盗走桌上书信,结果中了周瑜的计,致使曹操误杀水军首领。指受人欺骗,受到损失、亏折。

例句

这两个特务洋洋得意,满以为得到了能向上司请功领赏的情报,没有想到这个情报是假的,到头来落个蒋干盗书——上了大当。

徐庶进曹营——一言不发

释义

据《三国演义》,徐庶本为刘备的谋士,后被迫归附曹操,发誓不为曹操出谋献计。指什么话都不说。

例句

老王平时极善言谈,可是今天好像有什么心事,到这之后是徐庶进曹营——一言不发。

司马昭之心——路人皆知

释义

路人:路上的行人。据《三国演义》,司马昭为魏国权臣,企图夺取帝位。指有非分的欲望,很容易被看出来。

例句

他玩的那点小把戏谁看不出来,司马昭之心——路人皆知,他还以为别人都蒙在鼓里的。

好汉上梁山——逼出来的

释义

梁山:即梁山泊,在今山东省。据《水浒传》,众好汉由于各种原因被逼到这里造反。指不是自己情愿做的事,而是被迫无奈才去做的。

例句

巧妞在一个深夜从家里跑了出来,因为丈夫总是往死里打她,她这样做是好汉上梁山——逼出来的。

梁山泊的军师——无(吴)用

释义

吴用:《水浒传》中的梁山军师。指没有用武之地。

例句

我看我还是先回去吧!在这我也是梁山泊的军师——无(吴)用,也帮不上什么忙。

宋江的绰号——及时雨

释义

宋江：《水浒传》中的梁山首领，绰号"及时雨"。绰号：外号。比喻在别人最需要帮助的时候，伸出援助之手。

例句

刚好这台机器坏了，你的到来真是宋江的绰号——及时雨啊，麻烦你帮忙修一下吧！

林冲到了野猪林——绝处逢生

释义

据《水浒传》，高俅在陷害林冲并将其发配沧州后，让人在野猪林结束他的性命，但林冲被赶来的鲁智深所救。指在最危急、最绝望的时候有了生的希望。

例句

敌人在他后面紧追，眼前却是一条大江，在这紧急关头，一个渔民从芦苇丛里划出一只小船，帮了他的大忙，这真是林冲到了野猪林——绝处逢生。

李鬼劫路——盗名欺世

释义 据《水浒传》,李鬼扮成李逵抢劫过路人。指欺骗别人并盗取他人名誉。

例句 恶霸杀人放火后却留名为"李大侠",真是李鬼劫路——盗名欺世。

武大郎开店——个子比他高的别进来

释义 高:本指个子高,转指水平高。形容某人无法容忍比自己有能力的人。

例句 也不知道这儿的老板是怎么想的,他的公司在招聘员工时一向是武大郎开店——个子比他高的别进来,这样的公司怎么可能有大发展呢?

武松打虎——气概不凡

释义 据《水浒传》,好汉武松过景阳冈时,曾打死猛虎。

形容某人有超凡、勇猛的气质。

例句

庄绍见萧吴轩如武松打虎——气概不凡,不同流俗,也就特别亲近他。

孙二娘开店——谋财害命

释义

孙二娘:《水浒传》中人物,曾开黑店谋害过路客商。谋:图谋。指设计谋害别人并夺取其钱财。

例句

公安局长在电视上对全市人民郑重承诺:"我们一定会将这伙孙二娘开店——谋财害命的歹徒尽快抓住!"

孙猴子回花果山——一个跟头栽到了家

释义

孙猴子:即孙悟空,《西游记》里说他住花果山,会腾云驾雾,一纵十万八千里。本指孙悟空驾筋斗云回到了花果山,转指遭糕透顶,难以振作。

例句

这一回,我算是真的出了气儿了,但对他而言也是孙猴子回花果山——一个跟头栽到了家啦！

孙悟空碰着如来佛——毫无办法

释义

据《西游记》，孙悟空无论怎样，也跳不出如来佛的手掌心。指摆脱不了现实或身处的某种状况。

例句

你说得比唱得还好听，对于你这样油嘴滑舌之人，我是孙悟空碰着如来佛——毫无办法。

猪八戒吃人参果——哪里品得出啥滋味来

释义

据《西游记》，猪八戒偷吃人参果时，整个吞下，不知果子是什么味道。比喻不知道所面对的东西的价值和意义。

例句

儿子不满地对爸爸说："我才刚上初中，您就让我读这么难的文章，我是猪八戒吃人参果——哪里品得出啥滋味来啊？"

歇后语故事

班门弄斧——不知高低

鲁班,又名公输般。春秋时代鲁国(今山东曲阜)人,传说是位能工巧匠,善于献词与建筑,技艺举世无双。人们叫他"巧人"。民间一直把他看作是木匠的祖师爷。

谁敢在鲁班门前卖弄使用斧子的技术,也就是说,想在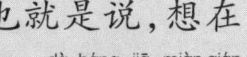大行家面前显示自己的本领,这种太不谦虚的可笑行为,就叫作"鲁班门前弄大

斧"，简称"班门弄斧"。这和俗语所说的"关公面前耍大刀"的意思差不多。

传说唐代诗人李白晚年游览安徽采石矶时，见水中之月，清澈透明，便探身去捉，因此掉进江中淹死了，采石矶留下了李白墓、谪仙楼、捉月亭等胜迹。

有一次，明代诗人梅之焕来采石矶凭吊李白，梅之焕看到矶上、墓上，凡可以写字的地方都被人留有诗句，心中大为不满。那些人文章写得狗屁不通，却在"诗仙"面前胡诌乱题，真是可笑之极！梅之焕想，这些人有什么资格在李白面前舞文弄墨呢？他越想越不是滋味，感慨之余，挥笔题了一首诗："采石江边一抔土，李白之名高千古；来来往往一首诗，鲁班门前弄大斧"。

"班门弄斧——不知高低"，用来讽刺人过高估计自己的能力，不知天高地厚。

王羲之写字——入木三分

释义

相传王羲之在木板上写字,刻字的人发现墨汁透入木板有三分深。分:长度单位,古制十分为一寸。形容书法极有力度,也比喻见解、议论深刻。

例句

久经世故的曹世昌,自信有如王羲之写字——入木三分的眼力。

齐白石的《虾》——中看不中吃

释义

齐白石:现代画家,擅长画虾。指看着很好,却不能吃,也指美中不足。

例句

这样的饼干你可不能买,这可是齐白石的《虾》——中看不中吃啊!相信我的,没错!

梅兰芳唱《霸王别姬》——拿手好戏

释义

梅兰芳:著名京剧表演艺术家,《霸王别姬》是他的代表剧目。比喻在某方面有特长。

例句

弹钢琴对他来说,那可是梅兰芳唱《霸王别姬》——拿手好戏,他曾获全国钢琴比赛第一名。

孔夫子的嘴巴——出口成章

释义

章:文章。形容有学问的人说话有才学或写文章思路敏捷。

例句

北宋大文学家苏轼才华横溢,他不仅文章写得好,说起话来也是孔夫子的嘴巴——出口成章。

鱼戏莲叶间——自由自在

释义

鱼戏莲叶间：见汉朝乐府诗《江南》。戏：玩耍，游戏。形容完全不受管制，来去自由。

例句

每个人都想过鱼戏莲叶间——自由自在的生活，可现实是不允许我们这样安逸的。

百川东到海——大势所趋

释义

百川东到海：见汉朝乐府诗《长歌行》。川：河流。本指中国的河流大多是向东流入大海，转指整个形势的动向。

例句

对此你千万别过分伤心，这是百川东到海——大势所趋，谁也改变不了的事实。

桃花潭水深千尺——无与伦比

释义

桃花潭水深千尺：见唐朝李白诗《赠汪伦》，后面一句为"不及汪伦送我情"。伦：本指汪伦，转指类，类比。形容特别出色,没有办法与之相比。

例句

我和盖瑞春是最要好的朋友,大家都说我们之间的友谊是桃花潭水深千尺——无与伦比的。

夜半钟声到客船——名(鸣)声远扬

释义

夜半钟声到客船:见唐代张继的诗《枫桥夜泊》。扬:传播出去。指很有名气。

例句

他是个孝子,在这附近早已是夜半钟声到客船——名(鸣)声远扬了。

九曲黄河万里沙——转弯抹角

释义

九曲黄河万里沙:见唐朝刘禹锡词《浪淘沙》。抹:紧挨着绕过。本指黄河变道很多,转指路弯弯曲曲,也比喻说话含蓄,不爽快。

例句

老王就是那么一个人,说话总是九曲黄河万里沙——转弯抹角的,真令人反感!

犹抱琵琶半遮面——害羞

释义

犹抱琵琶半遮面：见唐朝白居易诗《琵琶行》。形容有不安的情绪或难为情。

例句

看她那犹抱琵琶半遮面——害羞的样子，真是可爱极了！

大珠小珠落玉盘——响当当

释义

大珠小珠落玉盘：见唐朝白居易诗《琵琶行》。本指珠子碰击玉盘发出的声音响亮、清脆，转指人因优秀而名声远扬。

例句

你可别门缝里看人，把人看扁了，他可是我们市里大珠小珠落玉盘——响当当的人物。

独钓寒江雪——坐等

释义

独钓寒江雪：见唐柳宗元诗《江雪》。指不通过自身努力去争取，只是耐心空等。

例句 我就在他家门口独钓寒江雪——坐等，早晚有一天会把他等到的。

一江春水向东流——没法挽回

释义 一江春水向东流：见南唐后主李煜词《虞美人》。指自然规律所致，不可逆道而行。

例句 对朋友说话一定要三思，一旦说了伤感情的话，那彼此之间的友谊就如一江春水向东流——没法挽回了。

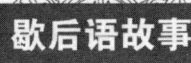

歇后语故事

狐狸带着老虎走——狐假虎威

楚宣王当政期间,宣王对一件事不理解,他问身边大臣,为什么各诸侯国都害怕楚国大将昭奚恤?

有个名叫江一的大臣,向宣王讲了一则寓言故事:从前,某个深山老林中有只凶猛的老虎,专门搜寻各种野兽吃。一次,他抓到一只狐狸,想把它吃了充饥。

狡猾的狐狸大声地说:"你不敢吃掉

我的,因为天帝派我当百兽之王。你要是吃掉我,就违背了天帝的命令!"

狐狸又说:"你以为我的话不可信吗?好吧,那么我走在前面,你跟我走在后面,看这深山老林中的百兽见到我之后,有谁敢不逃跑。"

果然,一路上所有的野兽见到它们都拼命地逃跑。老虎并不知道百兽是害怕威风凛凛的自己,而不是害怕假借"百兽之王"名义的狐狸才跑的。

故事讲完后,江一转入了正题:"大王如今有500里土地和百万军队,但全把它交给昭将军管辖,因此,北方的诸侯国都怕他。其实他们怕的是您交给他的军队,就像深山老林中百兽害怕的不是狐狸而是老虎一样。

"狐狸带着老虎走——狐假虎威"用来比喻借别人的权势吓人。

老鼠碰上猫——在劫难逃

释义

形容不可避免的灾难。

例句

岳飞在接到皇上的圣旨后就知道自己是老鼠碰上猫——在劫难逃了。

老牛拉破车——慢慢吞吞

释义

形容行动缓慢,速度不快。

例句

大家都加把劲儿吧!总是这么老牛拉破车——慢慢吞吞的,什么时候能完成生产指标!

兔子的尾巴——长不了

释义 本指兔子的尾巴短,转指时间有限,不会维持太久。

例句 人们都涌到永定门外的便道上,怀着惊慌而又沉痛的心情去观看日军入城式。……"别看这些畜类耀武扬威,兔子的尾巴——长不了!"(杨沫《东方欲晓》一卷一五)

蛇钻到竹筒里——只好走这条道

释义 指没有其他的办法,只能做这样的选择。

例句 洪水很快就要到来,蛇钻到竹筒里——只好走这条道,必须开闸放水淹掉下面的几个村子,才能保住大堤的安全。

啄木鸟发疟疾——嘴硬身子虚

释义 指说话理直气壮,但实际心里没底。

例句

高考集体舞弊的真相被查出来之后，张副局长死不认账，但那只不过是啄木鸟发疟疾——嘴硬身子虚。

肚子里蛔虫——知道心思

释义

比喻明白别人心里想的。

例句

你要我留在旅馆里陪你，为什么那时候不老实说，我又不是你肚子里蛔虫——知道心思。(钱钟书《围城》)

马散笼头——自由自在

释义

笼头：用皮条或绳子做成，套在骡子、马等头上，用来系缰绳。形容轻松随便，不受约束。

例句

不管怎么说，他辞了这份工作，可算是马散笼头——自由自在了。

热锅上的蚂蚁——团团转

释义 比喻人遇到十分难办的事情或陷入绝境,而又找不到出路或解决的办法。

例句 火车马上就要开了,哥哥在站台上等着弟弟一起上车,可是弟弟不知去哪儿了,一直不见踪影,哥哥急得像热锅上的蚂蚁——团团转。

鸡抱鸭蛋——一场空

释义 抱:孵。形容做事白忙活,劳而无功,什么也没有得到。

例句 他嘴上说,心里念:完了,完了,想不到忙了大半天,却落个鸡抱鸭蛋——一场空。

耗子给猫捋胡子——溜须不顾命

释义 捋:用手指顺着抹过去,使物体顺溜或干净。溜须:本指捋胡须,转指溜须拍马。讽刺人不顾一切地献殷勤。

例句

他为了巴结上司，什么事情都可以干出来，所以同事都瞧不起他，有人说，他是那种"耗子给猫捋胡子——溜须不顾命"的人。

狗咬耗子——多管闲事

释义

本指捉耗子是猫的事而不是狗的事，转指人做了份外的事或管了不该管的事。

例句

"你狗咬耗子——多管闲事，你又不是我的上司，我去不去上班关你什么事？"气头上的小红朝着老李怒吼。

蛇逮老鼠——要独吞

释义

本指蛇把老鼠整个吞下，转指想独自拥有。

例句

这次的胜利果实可是大伙的功劳，不是你一个人的！你想蛇逮老鼠——要独吞，没门！

虎入羊群——无一敢当

释义 当：承受，抵挡。形容来势凶猛，没有人敢站出来反抗。

例句 面对仓皇逃窜的敌人，我军战士如虎入羊群——无一敢当，没有多长时间，就把敌人全都俘虏了。

不见兔子不撒鹰——做事稳当

释义 撒：放开，发出。不看见兔子不放出猎鹰，指做事稳重，不急不躁。

例句 把事情交给他，我很放心，他这个人是不见兔子不撒鹰——做事稳当得很。

肉包子打狗——有去无回

释义 本指狗咬走了肉包子，转指人一去再不回来，或指东西拿出去后再也收不回来。

例句

小刘说到这里,把双手一推,"你猜怎么样?肉包子打狗——有去无回。一个长期留在后方疗养,一个转地方工作。"(林江、烈岩《不屈的昆仑山》)

苏州蛤蟆——难缠(南蟾)

释义

苏州:市名,在江苏省。蛤蟆:青蛙和蟾蜍的统称。指人或事难以对付。

例句

这个人简直就是苏州蛤蟆——难缠(南蟾)。

老虎屁股——摸不得

释义

比喻不能做,不敢惹。

例句

大家早就跟你说过,这个老板是老虎屁股——摸不得,一碰就有麻烦,可你偏不听,这回惹祸了吧!

狗长犄角——出洋(羊)相

释义

犄角:牛、羊等头上长的角。讥讽人处境尴尬,闹出笑话来。

例句

这次上台表演,他不但穿着不得体,而且一直跳错舞步,真是狗长犄角——出洋(羊)相。

长颈鹿的脑袋——高人一头

释义

本指长颈鹿高,转指人水平或地位比别人高。

例句

在这次评选的论文当中,这篇论文是最优秀的,如同长颈鹿的脑袋——高人一头。

斑马的脑袋——头头是道

释义

本指斑马头上布满条纹,转指说话做事有分寸,条理清晰。

例句

别看他是个小孩,可说起话来却是斑马的脑袋——头头是道。

懒驴上磨——不赶不会上道

释义 本指懒驴要赶才会上磨道,转指懒人在压力和别人的催促下,他才去做事。

例句 这孩子,我看你是懒驴上磨——不赶不会上道,不看着你,你就不知道学习。

猴子的屁股——坐不住

释义 猴子生性好动坐不住,指人心情忐忑,难以安静下来。

例句 他是猴子的屁股——坐不住,你想让他整天看书可不那么容易。

蛟龙得云雨——终非池中之物

释义 蛟龙:传说中能兴云降雨的神异动物,统领水族。比喻人的才能不同寻常,一定能成就大事。

例句 他在这个小公司工作可能有迫不得已的原因吧!正所谓蛟龙得云雨——终非池中之物,他迟早会离开这里,向更大的公司迈进。

螃蟹过河——七手八脚

释义 本指螃蟹足多,转指人多手杂,动作杂乱无章。

例句 这部机器太复杂了,很难修理,幸亏你们及时指点。如果没有你们,我们是螃蟹过河——七手八脚,不晓得会乱成什么样子呢!

井底之蛙——没见过大天

释义 本指井底的青蛙只能看到井口大的天,转指人见识浅薄。

例句 李俪笑着说:"你简直就是井底之蛙——没见过大天,连这东西也没见过!"

癞蛤蟆打哈欠——好大的口气

释义 本指嘴呼出的气,引申为说话的气势。讽刺人说话口气大,自以为了不起。

例句 小刘又吹嘘道:"我不吃饭,能一口气把河水喝干……"王大妈讽刺道:"哟,有这么大能耐?我看你是癞蛤蟆打哈欠——好大的口气。"

挨打的乌龟——缩了脖子

释义 本指乌龟受惊缩头,转指人胆子小,畏畏缩缩,不敢出面负责任。

例句 别看他平时张牙舞爪的,一到关键时刻就像个挨打的乌龟——缩了脖子。

黄鳝泥鳅——差不离儿

释义 形容大致差不多。

例句 他们俩一个是惯盗,一个是小偷儿,黄鳝泥鳅——差不离儿,都不是好东西。

蛤蟆、蝎子、屎壳郎——各人觉得各人强

释义 讽刺人都自认为本领比别人强。

例句 他们几个呀,蛤蟆、蝎子、屎壳郎——各人觉得各人强,都认为自己的本事了不起,我看还是碰的钉子少。

清水河里捞鱼儿——看得一清二楚

释义 指了解得清清楚楚。

例句 你不要认为我整天不吭声,就什么也不知道,我告诉你,对你们那些偷鸡摸狗的事情,我是清水河里捞鱼儿——看得一清二楚。

烂网打鱼——一无所获

释义 一无：全无，毫无。指什么也没得到。

例句 自从孩子失踪以后，所有的亲戚都帮助寻找，大江南北都找遍了，结果还是烂网打鱼——一无所获。

飞出笼子的喜鹊儿——爱怎么飞就怎么飞

释义 比喻人得到了自由，不再受他人控制。

例句 我如今就像飞出笼子的喜鹊儿——爱怎么飞就怎么飞，谁也管不着。

啄木鸟啄树——劲儿全使在嘴上

释义 啄：本指啄木鸟靠嘴啄木取虫吃，转指人爱说好话，也指说话厉害。

例句 他这个人能说会道，啄木鸟啄树——劲儿全使在嘴上，要是叫他亲自动手去干，他比谁都差。

鸭子凫水——上面静，底下动

释义

凫：在水里游。本指鸭子凫水时，脚掌在水下划动，转指不露声色，私下里使劲。

例句

这个文件传达后，领导班子里的一些人无动于衷，而群众的反应却很强烈，要求尽快贯彻执行，真是鸭子凫水——上面静，底下动。

公鸡头上一块肉——大小是个官（冠）

释义

冠：鸡冠。指不管职位高低，总算是个官。

例句

刚当上班长，就自以为了不起。说来也是，公鸡头上一块肉——大小是个官（冠）嘛！

公鸡下蛋——妄想

释义

本指公鸡不可能下蛋，转指想法不切实际，无法实现。

例句

不经过严格的训练，就要驾驶汽车，那是公鸡下蛋——妄想。

南来的燕子北去的鸟——早晚都要飞

释义

本指候鸟会随季节迁徙，转指人迟早要离去。

例句

我们这个镇子太小，工资又低，你们这些高才生是南来的燕子北去的鸟——早晚都要飞走的。

家雀儿学老鹰——想得高

释义

指人自不量力，想法不切实际。

例句

白杨林的农业简直是个阿斗，扶得起来吗？策勇啊，你是家雀儿学老鹰——想得高了。（冯育楠《银沙滩》）

屎壳郎搬家——滚蛋

释义

屎壳郎：一种昆虫。本指屎壳郎滚粪球,转指用来骂人,让某人尽快出去。

例句

老大爷生气了,大声骂道:"你'屎壳郎搬家——滚蛋'！别在这里瞎嚷嚷。"

蚂蚁尿书本——识(湿)不了两个字

释义

指认识的字不多。

例句

你少在这里指手画脚,蚂蚁尿书本——识(湿)不了两个字,小学都没毕业,你懂个啥？

歇后语故事

拔苗助长——适得其反

《孟子》是一部儒家经典,记载了战国时期著名思想家孟轲的政治活动、政治学说和哲学伦理教育思想。这部书中有个故事十分有名:有一个宋国人靠种庄稼为生,天天都必须到地里去劳动。太阳当空的时候,没地方遮荫,宋国人头上豆大的汗珠直往下掉,浑身的衣衫被汗浸得透湿,但他却不得不顶着烈日躬着身子插

秧。下大雨的时候，也没有地方可躲避，宋国人只好冒着雨在田间犁地，雨打得他抬不起头来，和汗水一起往下淌。可是这样劳累之后，他看着自己田里的禾苗好像没怎么长。他担心禾苗长不高，就天天到田边去看。

可是，一天、两天、三天，禾苗好像一点儿也没有往上长。他在田边焦急地转来转去，自言自语地说："我得想办法帮助它们生长。"

一天，他终于想出了办法，急忙奔到田里，把禾苗一棵棵地拔起，从早上一直忙到太阳落山，弄得精疲力尽。

他还自鸣得意地把今天的事讲给他儿子听，觉得功劳没有白费，一天之内，就帮助禾苗长了一大截，可他儿子上地里一看，禾苗都枯死了。

"拔苗助长——适得其反"，用来形容违反事物发展的客观规律而主观地急躁冒进，就会把事情弄糟。

石头后面的芽芽——见太阳迟

释义 比喻得到关照晚。也指人思想守旧,不思进取。

例句 你们现在的年轻人和我们那时相比,你们好比大田里的苗苗,得雨露早,我们好比石头后面的芽芽——见太阳迟。

墙头上的草——哪边风硬哪边倒

释义 比喻人没有骨气,哪边势力大就投靠哪边。也指人没有自己的见解,任由他人摆布。

例句 小张这人我算是看透了,那是墙头上的草——

哪边风硬哪边倒。当初就不该指望他的。

没根的浮萍——无依无靠

释义

浮萍：一种草本植物，浮在水里生长，须根垂直在水中。比喻人孤独，没有人帮助。

例句

老奶奶的亲人都去世了，如今剩下她一个人，成了没根的浮萍——无依无靠。

草甸上的苇子——靠不住

释义

草甸：长满野草的低湿地。苇子：芦苇，茎中空。比喻不可靠，不值得信任。

例句

他说的话是草甸上的苇子——靠不住的，你别轻易相信他。

蒺藜拌草——不是好料

释义

蒺藜子：草本植物蒺藜的果实，果皮上有尖刺。

本指草料中的蒺藜子要刺伤家畜,不是好饲料,转指不是好材料,或指人不做好事,不是好人。

例句

许老用急得尖起脆嗓门说:"你看,当泥鳅的不怕迷眼,再丑的事,他也干得出来。你没见他老婆,蒺藜拌草——不是好料。"(杨朔《望南山》)

三月里的桃花——红不了多久

释义

本指桃花开不久,转指人走红不了多久,或名声好不了多久。

例句

你不用怕,像他这种仗势欺人的走狗,那是三月里的桃花——红不了多久的。

水仙不开花——装蒜

释义

本指没开花时的水仙像蒜,转指人装腔作势。

例句

瞧你那样,斗大的字不识一个,还给人家讲道理,别在那水仙不开花——装蒜啦!

芝麻开花——节节高

释义

芝麻:草本植物,茎直立,每长一节就开一层花。比喻生活一天比一天好。

例句

这些年来,我的收入提高了,生活是芝麻开花——节节高,一天比一天好。

胸窝里栽牡丹——心花怒放

释义

怒放:盛开。形容高兴极了。

例句

收到北大的录取通知书,她真是胸窝里栽牡丹——心花怒放。

房檐上种菜——无缘(园)

释义

园:这里指菜园。也指人与人之间没有缘分。

例句

你坚持要出国,我坚持去大西北,看来,我们是房檐上种菜——无缘(园)走到一起了。

十冬腊月的大萝卜——哪能不动(冻)心

释义

十冬腊月：一年中最冷的时候。指产生了某种想法。也指产生某种动机、欲望等。

例句

他开始态度非常坚决，一再强调这是违法的事情，可是一看到桌子上摆着的几打钞票，十冬腊月的大萝卜——哪能不动(冻)心呢？

萝卜青菜——各有所爱

释义

指每个人的爱好都不一样。

例句

他们是孪生兄弟，哥哥爱好文字，弟弟爱好天文，真可谓是萝卜青菜——各有所爱。

大白菜倒了秧——打根上坏

释义

倒了秧：植物幼苗枯萎。打：从。本指大白菜从根部坏掉,指人心地不善良。

例句

原本以为通过说服教育能使这小子变好点儿,没想到他比以前更变本加厉了,我看他是大白菜倒了秧——打根上坏了。

晒干的萝卜——蔫了

释义

本指萝卜失去水分而萎缩,转指人无精打采的样子。

例句

自从高考落榜后,他就像晒干的萝卜——蔫了,整天闷闷不乐的。

倒瓤儿的冬瓜——一肚子坏水

释义

倒瓤儿:瓜果等里面变质、腐烂。本指烂冬瓜内部全是腐臭的水,转指人心里没有好主意,坏透了。

例句

你跟他商量个啥劲儿,他是倒瓤儿的冬瓜——一肚子坏水!小心让他把你哄了。

打横切莲藕——多心

释义

本指藕的孔多，转指人疑心重，或用过多的心思。

例句

你这丫头，就是打横切莲藕——多心！刚才你姐姐说的是她自己，根本没你什么事儿。

麻袋里的菱角——喜欢冒尖儿

释义

本指菱角容易从麻袋里露出，转指人喜欢炫耀自己。

例句

他是麻袋里的菱角——喜欢冒尖儿，可得常给他提醒着点儿。

出土的甘蔗——节节甜

释义

比喻生活越来越好。

例句

刘老汉幸福地说："自从实行了包产到户的政策，

咱农民的日子就如那出土的甘蔗——节节甜。"

花生剥了壳——好歹算个人（仁）

释义 仁：果核、果壳或种子里较柔软的部分。指怎么说也算是个有用的人。

例句 她呀，虽然没有你那么能干，但是花生剥了壳——好歹算个人（仁），你也不能这样虐待她。

森林里烤火——就地取材（柴）

释义 指就在原处获取材料，也指方便，得心应手。

例句 特警队员在野外进行生存训练，首先要学会在森林里烤火——就地取材（柴），其次才是更专业的训练。

歇后语故事

千里送鹅毛——礼轻情义重

唐朝时,每逢朝廷有什么喜庆活动,各个地方的官员都要给皇上送礼,礼品主要是各地的特产。

有一年,有个叫缅伯高的南方官吏,受太守的委托,送几只活天鹅到京城去进贡给皇上。

当他走到一个大湖边时,下了马,洗了把脸,他把马牵过来,让它也喝了点水,又把天

鹅也拿到水中洗洗，天鹅下了水，都异常兴奋。缅伯高一时疏忽，就松了手。那几只天鹅在水里游了两下，忽然翅膀一抖，飞了起来。

缅伯高看到天鹅飞了，急得冷汗直流。他低头看着手中的鹅毛，灵机一动，心想，也只有这样了！于是就把鹅毛收好，重新上路。

缅伯高到了京城，大家都带上礼品，去朝见皇上。他两手托着一根鹅毛，恭恭敬敬地呈上，说："我们路途遥远，太守派我千里跋涉，专程送来一根洁白的鹅毛。礼品虽然很轻，但我们孝敬皇上的情意和大家一样，是很真诚的。"

皇帝听了，很高兴地收下了鹅毛，还给了他很丰厚的奖赏。

"千里送鹅毛——礼轻情义重"，用来比喻礼物虽轻而情意深厚。

老太太啃核桃——吃不开

释义 本指老太太牙不好，咬不开核桃，转指没办法行得通，不受欢迎。

例句 现在的情况变了，你这一套已经是老太太啃核桃——吃不开了。

竹篮打水——一场空

释义 本指竹篮有孔，盛不住水，转指努力和希望全部成为泡影。

例句 他花了1万元去参加外语培训，结果在考试中，竹篮打水——一场空，没及格，也出不了国。

打翻的五味瓶——酸甜苦辣咸样样俱全

释义 比喻人心情难以平静，坐卧不安。

例句 他看着老伴儿的遗像，想起几十年的风风雨雨，心里就像是打翻的五味瓶——酸甜苦辣咸样样俱全。

醋瓶子打飞机——酸气冲天

释义 讽刺人言行拘于陈旧，不适应新时代的发展。

例句 梁三老汉醋瓶子打飞机——酸气冲天，动手就去解黑马的小缰绳，非要按自己的想法来。

拿草帽当锅盖——乱扣帽子

释义 比喻不负责任地强给人安上坏名声。

例句 李大魁，你可别冤枉好人，我什么时候去过赌场？

你可别"拿草帽当锅盖——乱扣帽子"。

打破砂锅——问(璺)到底

释义

璺：陶瓷、玻璃等器具上的裂痕。转指做事非要问个究竟、弄个明白。

例句

冯英对匡灵说："我这人就是有个坏毛病，喜欢打破砂锅——问(璺)到底，今天你不把话说清楚，就别离开这儿。"

厨房里的蒸笼——经常受气(汽)

释义

比喻人经常被别人欺压。

例句

做人也不能太软弱了，不然在这里就会像厨房里的蒸笼——经常受气(汽)。

铁勺子捞面条——汤水不漏

释义

形容人做事周全、谨慎。

例句 钱万利讽刺说："你不帮忙就算了,何必把话说得铁勺子捞面条——汤水不漏"。

一根筷子吃藕——净挑眼

释义 挑：本指用细长的东西拨,转指挑剔。本指一根筷子不能夹,只能挑,转指人爱挑小毛病,或多心。

例句 小田调皮地问道："大老王,你对包公的历史那么熟,你说说,包公长啥样？""你这孩子,'一根筷子吃藕——净挑眼'。"王启新笑着说。（丁秋生《源泉》五章三五）

炒菜的勺子——尝尽了酸甜苦辣

释义 本指勺子接触过各种味道,转指经历的事情多,尝尽人间冷暖。

例句 王爷爷对孩子们说："我活了70多岁,炒菜的勺子——尝尽了酸甜苦辣,比起我小时候来,你们真是太幸福了。"

喝了蜜——嘴甜

释义 本指嘴上有甜味,转指人总爱把话说到别人心坎里,让人高兴。

例句 我们走,他是喝了蜜——嘴甜,做起事来却蛮不讲理。我们说不过他,还躲不过他吗?

井底里放糖——甜头大家尝

释义 本指大家都能喝到糖水,转指有好处大家共同分享。

例句 过去咱两队都穷,今年你们队富起来了,快给咱介绍介绍你们是咋富的!井底里放糖——甜头大家尝,可别忘了你们的穷朋友!

胡椒拌黄瓜——又辣又脆

释义 本指胡椒辣，黄瓜脆，转指人凶悍不讲理，做事却很爽快。

例句 "你能不能帮我找些资料？"小王的答话如胡椒拌黄瓜——又辣又脆："没有一点问题！"

花椒掉进大米里——麻烦（饭）

释义 指费事或不受欢迎。

例句 如果患者的病情没能得到控制，那可就是花椒掉进大米里——麻烦（饭）了。

一根老牛筋——蒸不熟煮不烂

释义 比喻人固执，性格难以改变。

例句 她母亲的工作还好做些，她父亲那边却困难得多，他简直就是一根老牛筋——蒸不熟煮不烂。

石头蛋腌咸菜——一言(盐)难尽(进)

释义

石头蛋：鹅卵石。腌：把肉、菜、果品等加上盐、糖、酱、酒等。指有好多难言之隐，一时说不清楚。

例句

他不停地摇着手说："那件事太丢人了。那是石头蛋腌咸菜——一言(盐)难尽(进)，你们还是不知道的好。"

破包子——露了馅

释义

比喻把事情或秘密暴露出来。

例句

王老厚一听这个破包子——露了馅，就一阵呵呵冷笑说："王村长，如果要花钱或者还有别的说法的话，人家张老本说啦，'瞎子发眼，豁出来啦'，爱怎么办就怎么办……"（臧伯平《破晓风云》）。

豆腐渣捏的——不经打

释义 豆腐渣：制豆浆剩下的渣滓，质地松散。比喻人脆弱，经不住挫折和打击。

例句 "这么点儿困难就把你吓倒了，你难道是豆腐渣捏的——不经打吗？"父亲斥责小明道。

麻绳拴豆腐——没法提

释义 本指不能用麻绳提豆腐，转指不愿提及或谈起某事。

例句 "老五那人，也没个媳妇管着，成天除了喝酒抽烟，就是打麻将，真是麻绳拴豆腐——没法提。"

吃了抄手吃馄饨——一码事

释义 馄饨：抄手。指的是一回事。

【例句】 他欠你的钱你就要嘛！干吗让别人去要？这根本就不是吃了抄手吃馄饨——一码事嘛！你为什么把事情搞得那么复杂？

哑巴吃饺子——心里有数

【释义】 本指哑巴心里清楚吃了多少个饺子，转指人心里清楚，却说不出来。

【例句】 从乡村调查回来，王局长虽然嘴上不说，但对于怎么开展工作已经是哑巴吃饺子——心里有数了。

豆浆里的油条——软了

【释义】 本指油条变软，转指人不坚强。

【例句】 最关键的证据已落到了警察手里，听到这个消息，这个罪犯如豆浆里的油条——软了。

稀饭拌糨糊——糊里糊涂

释义 责怪人对事情真相认识得不够深刻。

例句 你这一番话把我说得是稀饭拌糨糊——糊里糊涂。到底发生什么事了?

白酒混在冷水里——谁也搞不清

释义 本指白酒和水都是无色透明的,混在一起不好分辨,转指事物难以分辨,或弄不清楚。

例句 他心里到底是怎么想的,真是白酒混在冷水里——谁也搞不清。

歇后语故事

长袍马褂瓜皮帽——老一套

在清朝入关以前,汉服在中国流传了几千年。但是清兵入关以后,就沿途发布告示,命令汉人遵守本朝制度,这其中就包括要求汉人男子剃发、易服等。等攻下江南之后,朝廷强制推行剃发令和易服令,强迫汉族男子一律改穿满族服装,统一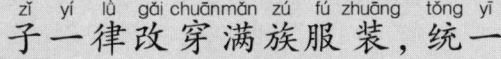着长袍、马褂,戴瓜皮帽,不遵照制度的一律处死。

此后,穿长袍、马

褂,戴瓜皮帽,就成了清朝男子的典型服饰,一直流传下来。

后来,清朝末期的腐朽统治被孙中山领导的辛亥革命推翻,中华民族的服饰也进入了新时代,传统的长袍、马褂被许多新品种、新款式取代,人们基本都不再穿那一套了。但是还有很多守旧的人,思想上仍然遵从清朝的那一套,身上也仍然穿着长袍、马褂。

著名的漫画家王泽,就根据这一点创作了在现代社会里还穿着长袍、马褂,头戴瓜皮帽的守旧人物——"老夫子"。

"长袍马褂瓜皮帽——老一套",用来指陈旧的一套,多指没有改变的习俗或工作方法。

戴斗笠坐席子——独霸一方

释义

本指斗笠帽檐儿很宽，戴着它坐在席子上，别人无法再坐，转指人在某个领域或某方面称霸。

例句

当年，他是这一带有名的地主，也是戴斗笠坐席子——独霸一方的人物呢！

戴起草帽打阳尘——没望

释义

本指草帽边宽，戴着不便抬头看，转指某事没希望。

例句

又一次遭到了心上人的拒绝，林小强觉得他是戴起草帽打阳尘——没望，这辈子肯定是追不上人家了。

冬瓜皮当帽子——霉上了顶

【释义】 本指冬瓜皮上的白粉上了头顶，转指糟糕、倒霉到了极点。

【例句】 前几天刚下岗的他，如今又得了重病，真是冬瓜皮当帽子——霉上了顶。

肩上戴帽子——矮了一头

【释义】 指个子比别人低。也指在某方面比别人差。

【例句】 他过分自卑，加上又没有别的本事，和别人在一起时，他总觉得自己是肩上戴帽子——矮了一头。

拿着棒槌缝衣服——什么都当真（针）

【释义】 棒槌：捶打用的木棒。对别人说的话或做的事全部信以为真。

例句

傻孩子,我跟你开玩笑呢,你怎么拿着棒槌缝衣服——什么都当真(针)呀!

翻穿皮袄——装佯(羊)

释义

佯:假装。指人故意装出某种姿态。

例句

别在那翻穿皮袄——装佯(羊)哩,你一定早就知道了事情的真相。

丈二宽的大褂——大摇(腰)大摆

释义

形容人走路神气,旁若无人的样子。

例句

员工们正在办公室里开会,老张连门都没敲,就丈二宽的大褂——大摇(腰)大摆地走了进去。

大年初一借袍子——不识时务

释义

旧时过年时男子要穿长袍,转指人没有主见,跟不上潮流。也指不知好歹。

例句 家人都在责怪他大年初一借袍子——不识时务，居然拒绝外商的高薪聘用。

夹裤改单裤——没理（里）儿

释义 指做事没有理由、依据。

例句 这事不是他的错，是我夹裤改单裤——没理（里）儿，一切后果由我一人承担。

胖子的腰带——不打紧

释义 本指胖子的腰带长，转指没有妨碍，不成问题。

例句 来了这么多的人，已经足够了，缺他一个，那是胖子的腰带——不打紧的事。

穿皮袜子戴皮手套——毛手毛脚

释义

本指手脚上穿的都是毛皮制品,转指做事手忙脚乱,不稳重。

例句

这点儿小事对你来说不是小菜一碟吗?怎么做起来还是穿皮袜子戴皮手套——毛手毛脚的?

玻璃袜子玻璃鞋——名(明)角(脚)

释义

指人有名气。

例句

你可别看他是响誉世界的玻璃袜子玻璃鞋——名(明)角(脚),人家一点儿架子都没有。

穿钉鞋走泥路——步步扎实

释义

本指钉鞋每一步都稳稳扎入泥里,转指做事稳健,不浮躁。

例句 我们还年轻,刚刚步入社会,一定要穿钉鞋走泥路——步步扎实,万不可随波逐流。

破袜子改做雨伞——一步升天

释义 本指袜子改做雨伞后,位置从下面升到了上面,转指一下子走到最高层,或讽刺人突然高升,得意忘形。

例句 凡事都要有个过程,想破袜子改做雨伞——一步升天,怎么可能呢?

歇后语故事

拿杨柳当棒使——好大的劲儿

《水浒传》中的鲁智深原名鲁达,原是陕西渭州经略府的提辖,因为打死了强占民女的恶霸镇关西,逃到五台山出家做了和尚,法名叫智深。后来又因为酒后闹事,又被送到东京(现河南开封)大相国寺。寺庙里的智仁长老分配他去看守菜园。菜园附近有几个地痞,经常来偷菜。他们听说来了一个新和尚,就商量着要折腾他一番,给他一个下马威。于是,他们借庆贺为名,想把他丢进大粪池里淹死,没想到一个个被鲁智深制服了。地痞们不仅再也不敢对鲁智深胡来,还买来酒肉招待他,拜他为师傅,正当大家开怀畅饮时,忽然外边传来乌鸦的叫声,有人说:"乌鸦叫,太不吉利。"鲁智深问:"它在哪里叫呢?"有人告诉他说:"最近墙边柳树上新添个乌鸦巢,乌鸦就在那里成天聒噪。"鲁智深乘着酒兴来到墙边,抬头一看,果然如此,大家七嘴八舌议论着。这时只见鲁智深走到树前,脱了上衣,右手向下,左手在上,弯腰抱住大树,向上一用力,竟然把那棵柳树连根拔起,当棒使了起来。众人见了,一齐跪倒在地说:"师傅不是凡人,真是罗汉的身体,有千万斤的力气,了不起!"

"拿杨柳当棒使——好大的劲儿",用来形容人力气大。

板上钉钉——没跑

释义 比喻事情已有了着落和把握。

例句 既然校长都同意让你贷款上学了,那就是板上钉钉——没跑的事了,你还有什么不放心的呢?

钢锤砸铁砧——硬碰硬

释义 指双方态度都强硬。也指人不畏惧严峻的考验。

例句 今年村里大旱,刚上任的村长小李性格刚烈,老队长幽默地说:"今年对小李村长来说真是钢锤砸铁砧——硬碰硬!"

金刚钻穿透钢板——过硬

释义 本指金刚钻穿过硬钢板,转指有一定才能,经得起考验。

例句 别看我们入伍才半年多,可知识水平和技术都是金刚钻穿透钢板——过硬的。

电烙铁——一头热

释义 本指烙铁一端热一端冷,转指一方热情,而另一方冷淡。

例句 我看我哥是电烙铁——一头热,人家姑娘对他总是爱理不理的,光他热情有啥用?

胸口挂秤砣——心里沉重

释义 秤砣:称物品时,用来使秤平衡的金属锤。指心情复杂,思想压力大。

例句

他高考落榜了，一定是胸口挂秤砣——心里沉重得很，我们一定要好好儿地劝劝他。

扁担上睡觉——想得宽

释义

本指扁担很窄，在上面睡觉，希望宽一些，转指人心胸开阔，或讽刺人想美事。

例句

你就那万把块钱，还想盖房娶媳妇，我看你是扁担上睡觉——想得宽。

荷叶包钉子——个个都出头

释义

本指钉子刺破荷叶露出来，转指每个人都出面，或从逆境中走出来。

例句

王大妈的四个儿子真可谓是荷叶包钉子——个个都出头了，他们是我们大家学习的榜样。

木匠的折尺——能屈(曲)能伸

释义 折尺：一种可折叠的尺。本指折尺能弯曲和伸展，转指人失意时振作，得意时冷静。

例句 大丈夫有如木匠的折尺——能屈(曲)能伸才行，怎么能为这么一点儿小事和自己过不去呢？

木匠的刨子——抱(刨)打不平

释义 本指刨子用来刨平木材，转指人看到不公平的事就出面管理。

例句 我这人没有别的本事，就是木匠的刨子——抱(刨)打不平有两下子，路见不平，就要管。

三尺长的梯子——搭不上言(檐)

释义 指什么话也说不上。

例句

他们俩讨论得很激烈,我在一旁则是三尺长的梯子——搭不上言(檐),只有听的份儿。

口吞秤砣——铁了心

释义

比喻心意已决,永不更改。

例句

在《西游记·三借芭蕉扇》中,因为铁扇公主与孙悟空有害子之仇,所以铁扇公主是口吞秤砣——铁了心,发誓不借给他芭蕉扇。

金子当作黄铜卖——屈才(财)

释义

指浪费了人才。

例句

国家怎么把一个商业高才生,送到偏僻的地区拨弄算盘珠。这分明是金子当作黄铜卖——屈才(财)嘛!赶快给上级打报告,把他调到重要的岗位上来。

铜铃打鼓——另有音

释义 指话中有话,另有其他的意思。

例句 老赵听出她说的话是铜铃打鼓——另有音,预料不到下面还有什么文章,因此,不敢掉以轻心。

铁人戴铜帽——保险

释义 指更加信得过。

例句 胖工头望着伪装好的工地,笑得合不拢嘴,抢着说:"高级,高级,这下啊,真是铁人戴铜帽——保险啦!"

铁嘴豆腐脚——能说不能行

释义 指光说不做。

例句 我们需要的是实干家,不需要像他那样的铁嘴豆腐脚——能说不能行的人。

铁钉铆在钢板上——扎扎实实

释义 本指铁钉穿过眼固定钢板,转指人守规矩、稳重踏实,做事牢靠。

例句 他是个非常认真的人,干起工作来有如铁钉铆在钢板上——扎扎实实,从不敷衍了事。

铁丝儿裹脚——没这么馋(缠)的

释义 指没有这样纠缠的。"缠"也可以谐"馋",指人嘴馋,光想着吃好的。

例句 去去去,铁丝儿裹脚——没这么馋(缠)的。每次看到吃的比谁动手都快。

钢板上铆铆钉——一是一,二是二

释义 铆钉:铆接用的金属零件,圆柱形,一头有帽。形容人做事一丝不苟。

例句

老王说话从来就不虚夸，总是钢板上铆铆钉——一是一，二是二。

钢水倒进模子里——定型（形）了

释义

比喻人的性格、事物的特点逐渐形成，不能改变；或事情已经确定，难以更改。

例句

你就把心放到肚子里吧！这事交给我，就算是钢水倒进模子里——定型（形）了。

橡皮筋——越扯越长

释义

本指橡皮筋很有弹性，转指说的话越来越远，回忆的事情越来越多。

例句

我们姐妹俩三年没见面了，一见面便抢着说，从家乡风貌到外地见闻，如橡皮筋——越扯越长。

积木搭高楼——一碰就倒

释义 指外表强大,其实很虚弱,不禁风雨。

例句 他刚刚大病一场,身体虚弱得很,现在可谓是积木搭高楼——一碰就倒。

大皮球被捅了个窟窿——一肚子气都跑了

释义 本指大皮球的气被放跑了,转指人心里的气全部消尽。

例句 听他这么一说,我也想开了,像大皮球被捅了个窟窿——一肚子气都跑了。

断了线的风筝——下落不明

释义 指不知在什么地方。

例句 他的儿子自从去年去了上海,便似断了线的风筝

——下落不明了。

爆竹上天——想（响）得高

释义

讥讽人想美事，不切实际。

例句

凭他的本事，连买几头奶山羊的款子都凑不齐，还搞什么"开发"呢，纯粹是爆竹上天——想（响）得高。

肥皂泡——吹得再大也要破

释义

本指肥皂泡破裂，转指说大话总有被识破的那一天。

例句

说话要实事求是，不要吹嘘。记住：肥皂泡——吹得再大也要破。

书桌上的笔筒——粗中有细

释义

本指粗笔筒中插着精细的笔，转指粗心大意的人有时候也很注重细节。

例句 你别看他平时大大咧咧的,一旦遇上重要的事,那可是书桌上的笔筒——粗中有细。

笔杆子吹火——小气

释义 本指把笔杆当吹火筒用,气流小,转指人过分爱惜自己的财物或指人气量小,心胸狭窄。

例句 什么?你说我笔杆子吹火——小气?我够大方了,你怎么能这么说呢?

错把毛笔当刷子——不识货

释义 指分辨不出东西的质量。

例句 这可是世界上少有的水晶钻戒,你竟然认为它不值钱,真是错把毛笔当刷子——不识货。

铅笔芯儿——直肠子

释义

本指铅笔芯直,转指人性子直,或性格直爽,不转弯抹角。

例句

他就是个铅笔芯儿——直肠子,有什么说什么。其实,他可是个大好人。

铅笔擦子——知错就改

释义

劝人知道自己做错了就及时改正。

例句

生活中,我们难免会犯一些错误,只要我们大家做到铅笔擦子——知错就改,我相信没有解决不了的问题。

火钳子修手表——没处下手

释义

本指火钳子太大,无法用来修表,转指事情复杂无从入手,不知该怎么做。

例句

他把这活做了一半就扔下不管了,现在让我接着做,我真是火钳子修手表——没处下手。

拨好的闹钟——不到时候不打点

释义

比喻时机成熟才肯行动。

例句

谁说我抓不住机会,我这叫拨好的闹钟——不到时候不打点,走着瞧吧!好事还在后头呢!

闹钟打哈哈——自鸣得意

释义

打哈哈:开玩笑,这里也指闹钟响铃。比喻人自以为了不起。

例句

赛程已经过半,冠军非他莫属,于是他便显出一副闹钟打哈哈——自鸣得意的样子。

六点钟的分时针——顶天立地

释义 本指六点钟时,钟表上的分针和时针竖直成一条线。转指人形象高大,气概雄伟豪迈。

例句 真正的男子汉应该是六点钟的分时针——顶天立地才行。

脱了毛的刷子——有板有眼

释义 指人说话、做事有条理有理。

例句 他说的谎话如脱了毛的刷子——有板有眼,大家都信以为真了。

电线杆上插鸡毛——好大的胆(掸)子

释义 掸子:一种除尘用具,多用鸡毛绑在小竹棍上制成。指人做事有胆量,敢做敢为。

例句

我看你是电线杆上插鸡毛——好大的胆(掸)子,竟欺负到我的头上来了,也不看看我是谁,在这方圆几百里之内,谁不让我三分?

竹筒倒豌豆——一干二净

释义

本指竹筒里的豆子一下子就倒光了,转指做事干脆、麻利。

例句

经过一天的豪赌,他兜里带的钱早已是竹筒倒豌豆——一干二净了。

箩篼挑水——不满

释义

箩篼:一种盛东西的器具,用竹、柳条等编成。本指箩篼漏水满不了,转指事情不称心。

例句

财主一看,除了个老者之外,尽是些十二三岁的娃娃,心里就有点箩篼挑水——不满。

卫生口罩——嘴上一套

释义

本指把口罩戴在嘴上,转指人言行不一,嘴上说一套,做的是另一套。

例句

小五那人向来是卫生口罩——嘴上一套。他的话是靠不住的。

针尖对麦芒——尖对尖

释义

麦芒:麦穗顶端的针状物。形容彼此互不谦让,双方尖锐地对立着。

例句

这两个女人碰在一起可真是针尖对麦芒——尖对尖,她们的争吵声整个楼道都听得清清楚楚。

歇后语故事

塞翁失马——安知非福

战国时期,靠近北部边城住着一个老人,因为他住在边塞上,所以人们都叫他塞翁。

塞翁养了许多马。有一天,塞翁家的马群中忽然有一匹走失了。邻居们听说这件事,都来安慰他,劝他不必太着急。可是塞翁一点儿也不着急,反而笑了笑说:"丢失了一匹马没有关系,怎知道这不会成为一件好事呢?"

邻居们听了塞翁的话,心里觉得很好笑,认为塞翁显然是自我安慰。过了一段时间,那匹马

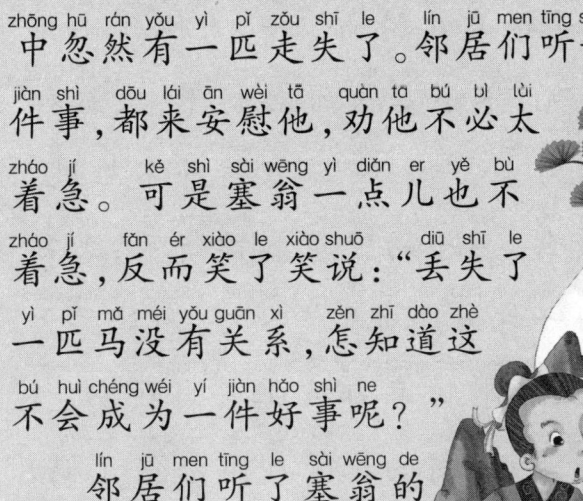

自己跑了回来，并且还带来一匹匈奴的骏马。邻居们听说了，对塞翁的预见非常佩服，并向他道贺。塞翁听了邻人的祝贺，一点儿高兴的样子都没有，忧虑地说："白白得了一匹好马，不一定是什么福气，也许会惹出什么麻烦来。"邻居们以为他故作姿态，心里明明高兴，有意不说出来。

塞翁的儿子很喜欢骑马。一天，他骑上那匹骏马出去游玩，不小心从马上摔下来，腿摔断了。邻居们又来安慰，可是塞翁并不难过，他说："这没什么，孩子的腿虽然摔断了，怎知道这不会成为一件好事呢？"不久，匈奴兵大举来袭，边塞上的青壮年都被征去当兵，大部分人死在战场上。塞翁的儿子却因为伤了腿，不能去当兵打仗，保全了性命。

"塞翁失马——安知非福"，用以说明暂时的损失，说不定还会带来好处。祸福之间可以相互转化。

盘山公路上开车——绕弯弯

释义 本指车在盘山公路上不断转弯,转指人说话不爽快,转弯抹角。

例句 有话就直说吧!别盘山公路上开车——绕弯弯。

火车头没灯——前途无量(亮)

释义 指人前程远大,不可估量。

例句 张师傅拍着小孙的肩,笑眯眯地说:"小伙子,好好儿干。你是火车头没灯——前途无量(亮)啊!"

火车离轨——寸步难行

释义 本指走不了路,也指人身处险境。

例句 做这项物理试验,如果少了任何一样、哪怕是很微小的实验仪器或者药品,那么整项试验就会火车离轨——寸步难行了。

九曲桥上散步——尽走弯路

释义 九曲桥:弯弯曲曲的桥。本指在弯曲的桥面上行走。转指工作、学习因方法不当,而白白浪费时间。

例句 因为没有经验,刚开始工作的时候,我一向是九曲桥上散步——尽走弯路。

汽车跑到人行道上——不走正路

释义 本指汽车不该在人行道上行驶,转指人走上不正当的生活道路,或指人做不正当行为。

例句

都活了大半辈子的人了,怎么还汽车跑到人行道上——不走正路呢?这让你的后代颜面何在啊?

自行车掉了气门芯——松了一口气

释义

本指车胎放了气,转指压力得以缓解,心情轻松愉快。

例句

听到这个好消息,我终于是自行车掉了气门芯——松了一口气。

自行车下坡——不睬(踩)

释义

指不理会,没放在心上。

例句

今天的事是他做得不对,可你也不能自行车下坡——不睬(踩)人啊,好歹他也是你请来的!

轮船上装橹——摆设

释义

橹:使船前进的工具,安在船尾或船旁,用人摇。

轮船利用机器推进,不需要橹。比喻徒有其表,而没有实用价值。

例句

他在公司什么也不做,不过是轮船上装橹——摆设而已。

沙窝子想撑船——好事想绝了

释义

沙窝子:沙漠。讽刺人想美事,不符合实际。

例句

你可真是沙窝子想撑船——好事想绝了,哪有这么容易就能办成的事?

搁浅的船——进退两难

释义

搁浅:船只进入水浅的地方,不能行驶。比喻处境尴尬无法前进,也没有办法后退。

例句

他们现在是搁浅的船——进退两难,继续施工,没有资金;停工不干,又太可惜了。

井底里划船——没有出路

释义 比喻做事处处受阻碍,无路可走。

例句 没有知识,没有文化,这在现在的社会里,是井底里划船——没有出路的。

大海里行船——乘风破浪

释义 比喻人不怕困难,奋勇前进。

例句 不管遇到什么困难,我们都应当像大海里行船——乘风破浪,继续前进。

航空公司开业——有机可乘

释义 本指有飞机乘坐,转指利用漏洞进行对自己有利的活动。

例句 这次公开招标,一定要把条件定得严一些,细一些,不能让那些人航空公司开业——有机可乘,而趁机捣乱。

飞机上挂暖壶——高水平(瓶)

释义 指人对学识、技艺、业务等掌握得很深刻。

例句 你的学术报告太精彩了,到底是专家,真是飞机上挂暖壶——高水平(瓶)呀!

飞机上摆手——高招

释义 本指在高处招手,转指人在处理某事上有诀窍,有好办法。

例句 "太好了!真是飞机上摆手——高招,咱们村有救了!"老村长兴奋地大叫。

歇后语故事

卖油翁灌油——熟能生巧

据说北宋时候有个叫陈尧咨的人十分善于射箭，几乎是百发百中，他经常因为自己有这个长处而骄傲自大。

有一天，他在闹市中练习射箭，引来围观者阵阵喝彩，他觉得很自豪。不料，围观人群中有个卖油的老人却在一旁说："这没有什么了不起的，只不过是熟练罢了。"陈尧咨听了，很不服气，便责问老人凭什么轻视他的箭法。老人答道："我是根据自己卖油的经验而知道你射箭射得好也是靠熟练。"说完,老人将一只油葫芦放在地上,将一枚铜钱盖在葫芦口上,又舀上一勺油向里倒去,只见油像一条线一样流入葫芦,铜钱上却一点儿油星也没沾上,真可说是奇妙极了。老人说:"我这技艺也没什么了不起的,只不过是熟练罢了。"陈尧咨看到这种情景,又听了老人一番话,惭愧不已,连连点头称是。

正所谓"业精于勤",陈尧咨和卖油翁的绝技也不是天生就有的,只是长期操练,熟练了而已。一个人只要肯下功夫,钻研一门学问,经过长期的努力,也一定会熟练掌握它的奥秘,应用自如的。

"卖油翁灌油——熟能生巧",用来形容凡事做多了就会熟练,熟练后就会把事情做得很巧妙。

缝衣店里的营业员——左也依(衣),右也依(衣)

释义 指自己不能做主,凡事依从别人。

例句 她太没有主见了,对旁人的话可谓是缝衣店里的营业员——左也依(衣),右也依(衣)。

货郎的担子——两头祸(货)

释义 货郎的担子两头都有货物。指灾祸不断。

例句 那时候他家是货郎的担子——两头祸(货),丢了车,又死了牛,如今总算是稍稍平静了一些。

打铁的拆炉——散伙(火)

释义

散：本指松开，转指分散。形容各奔东西。

例句

我们公司目前的状况是既缺资金又缺技术，怎么能发展下去呢？不如大有打铁的拆炉——散伙(火)吧！这样硬撑着也不是长久之计。

穷木匠干活——只有一句(锯)

释义

指没有其他的话说，只有一句话。

例句

王老汉这人生性木讷，不大会说话，见了熟人也是穷木匠干活——只有一句(锯)。

剃头带掏耳——里外干净

释义

指内外都干净，也比喻人品纯洁。

例句

厨师把这鱼弄得是剃头带掏耳——里外干净，你就放心吃吧。

砍柴人下山——两头担心（薪）

释义

指多方面操心。

例句

你们都是我的好朋友，又都同样出门在外，我当然是砍柴人下山——两头担心（薪）了。

卖肉的切豆腐——不在话下

释义

指做事很容易，轻而易举就能完成。

例句

老王指着勤娃说："这点小儿事对他来说是卖肉的切豆腐——不在话下，论这木匠手艺，方圆几百里也没人比得上他。"

厨师回家——不跟你吵（炒）

释义

指不和别人发生争执。

例句

好了，好了，人家都厨师回家——不跟你吵（炒）

了，你还嚷嚷什么呀？

船老大带徒弟——从何（河）说起

释义

船老大：木船上的主要船夫。指不知该怎么说才好。

例句

这件事真不知船老大带徒弟——从何（河）说起啊！总之，你慢慢会明白的。

飞行员跳伞——一落千丈

释义

本指飞行员跳伞降落，转指程度大幅度下降。

例句

上学期你的成绩还名列前茅呢？怎么这学期就飞行员跳伞——一落千丈了呀？

厨子炒菜——添油加醋

释义

本指厨师炒菜时放作料，转指叙述事情或转述别人的话时，添枝加叶，无中生有。

例句

什么?……你又厨子炒菜——添油加醋了?人家说"一个小偷,偷走了张家一只羊",而不是"一伙歹徒,去张家杀人放火"!

造屋找箍桶匠——找错人

释义

箍桶匠:旧时修制木桶、木盆的工匠。指弄错对象。

例句

老孟说:"找我品评茶叶,你可是造屋找箍桶匠——找错人啦!我是不懂茶的,隔壁张家个个是评茶的行家。"

铜匠担子——挑到哪里响到哪里

释义

铜匠:修制铜器的工匠。本指担子里的铜器碰击,一路上发出声响,转指人爱说话,走到哪里说到哪里。

例句

王嫂性格开朗,人又热心,特别是那个大嗓门,就像铜匠担子——挑到哪里响到哪里。

弹花匠进宫——有功（弓）之臣

释义

弹花匠：弹棉花的工匠，用一种弓形工具弹棉花。宫：指皇宫。指对某事有功劳的人，常用于讥讽或开玩笑。

例句

大家都知道你是弹花匠进宫——有功（弓）之臣，所以应该奖赏你，这块玉你就收下吧！别推辞了。

铁路警察——各管一段

释义

本指铁路警察分路段管辖，转指人各做各的事，谁也不干涉谁。

例句

在生产啤酒过程中，每个工人都是铁路警察——各管一段，哪一段出现问题都有人负责。

作家的皮包——里面大有文章

释义

本指作家的皮包里装有文学作品，转指有更深层次的意思。

例句

让我看,这事是作家的皮包——里面大有文章哩!怎么可能像他说得这么简单,还是不要掉以轻心。

染布师傅——拿不出手

释义

染布师傅手上染满颜色,不好意思给人看。指对自己的东西不自信,不愿拿出来给大家看。

例句

这次厨艺大赛还是你代表大家参加吧,我的技术太差劲儿,染布师傅——拿不出手。

剃头师傅用锥子——不对路数

释义

路数:路子。剃头不应该用锥子。比喻方法不对。

例句

这件事情还是我来办吧。你呀,不是我小看你,剃头师傅用锥子——不对路数。

理发师带徒弟——从头教起

释义

头：本指头上，转指开头。指从最基础的开始传授。

例句

"上节课我不是把这个问题讲过了吗？现在怎么全忘了？看来我还是理发师带徒弟——从头教起吧！"赵老师耐心地说。

牧人不刮胡子——溜（留）须拍马

释义

指说好话恭维别人。

例句

清朝乾隆年间，大贪官和珅之所以深受皇帝宠信，是因他牧人不刮胡子——溜（留）须拍马的功夫堪称一流。

铁匠铺开门——动手就打

释义

本指铁匠动手打铁，转指动手打人。

例句

你怎么铁匠铺开门——动手就打啊？这样做是上策吗？

叫花子背米——自讨的

释义

本指叫花子背的米是靠自己乞讨得来的，转指自找麻烦。

例句

你这是叫花子背米——自讨的，你男朋友当初对你那么好，你非离开他，现在后悔了吧！

导游者领路——引人入胜

释义

胜：优美的景物、境界。指把人带到优美的境界中去。

例句

这部影片情节曲折离奇，如同导游者领路——引人入胜。

画家调色——花样多

释义

本指画家能调出许多颜色,转指方法、样式很多。

例句

别看她只有五岁,表演起杂技来那可是画家调色——花样多得很啊!

皮坊的老板——牛皮大王

释义

牛皮:本指牛的皮,转指说大话,也叫吹牛皮。指人好吹牛,虚话连篇。

例句

新中国成立初期,"大跃进"运动造就了许多皮坊的老板——牛皮大王,说一亩地能产万斤粮食。

姜太公做买卖——样样赔本

《封神演义》中描述的姜子牙,又名吕尚。他帮助周文王、周武王讨伐纣王,推翻了商朝的残暴统治,协助武王开创了一个崭新的朝代。他在被周文王发现、重用以前,生活过得十分艰难。

他曾经上昆仑山学道几十年都毫无结果,下山后无家可归,只好来到朝歌城南三十五里的宋家庄，寄居在结义仁兄宋异人家里。据说，他成亲之后，连续做了几次赔本生意。先是编箩筐，挑往朝歌城去卖，一个也没卖掉。随后，宋异人又叫儿子支起磨，磨了一担面粉，让姜子牙挑进城去卖，结果是跑遍四门，也没有卖掉一斤。他垂头丧气地挑着担回家，一匹马飞奔而来，担子上的绳子缠住了马蹄，两箩面全泼在地上，突然一阵狂风吹来，又将面粉吹得干干净净。无奈，姜子牙只好挑着空担回家。后来，姜子牙干脆在朝歌城开设了算命馆，运气更不佳。几个月过去了，一个顾客也没有，算是白开了。

"姜太公做买卖——样样赔本"，用来形容人不善于做生意，样样亏损，不赚钱。

银元落在石头上——响当当

释义 本指银元落在石头上发出清脆的响声,转指人出色,有名望。

例句 你连他的名字都没听过,不会吧?他可是咱们这银元落在石头上——响当当的人物。

三个铜钱放两处——一是一,二是二

释义 本指一边放一个铜钱,另一边放两个铜钱,转指做事一丝不苟。

例句 他说话可是三个铜钱放两处——一是一,二是二,你可别奢望他反悔。

铜钱做眼睛——认钱不认人

释义 讽刺人只看重金钱、地位,不讲究人情。

例句 他没有朋友,最主要的原因在于他是铜钱做眼睛——认钱不认人。

借一角还十分——分文不差

释义 指正好合适,一文也不差。

例句 "阿姨,这是找您的钱,借一角还十分——分文不差。"小丽亲切地说。

结清了的账单——一笔勾销

释义 指把账一笔抹去,或指不计前嫌,一切从现在开始。

例句 我们的恩恩怨怨从此像结清了的账单——一笔勾销,谁也不欠谁的。

叫花子拨算盘——穷有穷的打算

释义

指穷人也为未来做计划。

例句

长松兴奋地抽了口烟说:"婶子,这是我对你说的,我倾家荡产买这块地,是叫花子拨算盘——穷有穷的打算,好地咱买不起,只能买下这种一葫芦打两瓢的沙礓坡。可咱有力气,不怕吃苦。"(李准《黄河东流去》第七章第二节)

没本钱的买卖——赚得起赔不起

释义

指只能赚不能赔,或指事情只能成功不能失败。

例句

(老武)又怕这些小伙子们偷偷出去闯乱子,于是说道:"……咱们做的是没本钱的买卖——赚得起赔不起,大家伙出个主意,想个计策才好!"(马烽等《吕梁英雄传》)

名牌货便宜卖——物美价廉

释义 便宜：指价钱低。廉：便宜。指货物质量好，价格便宜。

例句 为什么你每次都能买到名牌货便宜卖——物美价廉的商品呢？我怎么遇不到这样的好事啊？

搭起戏台卖螃蟹——买卖不大，架子倒不小

释义 架子：本指戏台，转指自以为是。讽刺人本事不大派头大。

例句 你看他那副得意洋洋的样子，不就请他做个报告吗？搭起戏台卖螃蟹——买卖不大，架子倒不小。

大风天里卖炒面——吹了

释义 指交情或事情破裂，没有达到预期效果。

例句

由于资金短缺，他这次投资办厂的事又是大风天里卖炒面——吹了。

《百家姓》去掉头一个字——开口就说钱

释义

《百家姓》：宋代编排姓氏的启蒙课本，第一句是"赵钱孙李"。本指从钱字开始读，转指人爱财，常把钱字放在嘴边。

例句

他自从做了买卖，就像变了一个人，《百家姓》去掉头一个字——开口就说钱，真让人受不了。

拾麦打烧饼——纯赚

释义

赚：获得利润。指没有本钱净得利润或好处。

例句

你只要跟着我一起干就行了，不会让你担任何风险的，到了年底，你是拾麦打烧饼——纯赚。

抱着元宝跳井——舍命不舍财

释义

讽刺人把钱看得比命还要重要。

例句

挣钱是挺重要,但是身体也很重要,千万不能抱着元宝跳井——舍命不舍财啊!

歇后语故事

八月十五吃月饼——正是时候

中秋节是一个古老的节日，这一天的传统习俗是吃月饼。月饼是圆的，象征着家人团圆。

中秋吃月饼的习俗，据说是由元末流传下来的。

相传元朝时，朝廷腐败，政治黑暗，老百姓生活很艰难。中原广大人民不甘受朝庭的残酷统治，纷纷起义抗元。后来成为明朝开国皇帝的朱元璋想要联合反抗力量起义，但元朝官兵搜查严密，朱元璋苦苦思索却想不到办法传递消息。他的手下刘伯温想出一条计策，命令王昭光制作饼子，将写有"八月十五夜起义"的纸条藏入饼子里面，再使人分头传送到各地起义军手中，通知他们在八月十五日晚上起义响应。这个办法使他们顺利地一举推翻了元朝。为了纪念这一功绩，中秋吃月饼的习俗也就流传了下来。其实，除了上面说到的这个故事以外，还有一种观点认为，月饼最初起源于唐朝，是军队庆祝胜利的食品。不过不论月饼源于什么时代，它都代表了人们期盼团圆的美好心愿。现在，中秋节是我国仅次于春节的第二大传统节日，在这一天除了赏月之外，吃月饼也是一个十分重要的内容。

"八月十五吃月饼——正是时候"，用来形容人们说话、办事所碰上或选择的时间十分恰当。

歇后语集锦

正月里卖门神——过时货

释义

正月：农历每年的第一个月。门神：旧俗过年时贴在大门上的神像，人们认为能驱鬼避邪。指东西陈旧不合时宜，或指保守古板的思想。

例句

你怎么买了这个样式的衣服？这已经是正月里卖门神——过时货了，真没眼光！

三月里扇扇子——满面春风

释义

本指春风吹在脸上，转指愉快和蔼的面容。

例句

最近王老汉家翻修了房子，又添了个孙子，难怪这两天在街上见他像三月里扇扇子——满面春风的。

三月栽薯四月挖——急于求成

释义

薯：红薯、马铃薯等农作物的统称。比喻做事想尽快得到结果。

例句

学习不是一件简单的事，千万不要三月栽薯四月挖——急于求成，要循序渐进，一步一步地来。

五月的石榴——越来越红

释义

本指石榴在春天开出红色的花，转指人或物一天比一天受欢迎。

例句

他的名气如五月的石榴——越来越红，他心里一定乐开了花。

六月天戴棉帽——不识时务

释义

六月的天气很热，没有人戴棉帽。转指人做事看不清时机。

例句 这个小偷真是六月戴棉帽——不识时务,警察已经给了他自首的机会,可他还是我行我素,不知悔改。

七月的河水——后浪推前浪

释义 本指七月进入雨季,河水汹涌,转指人流涌动,也指人一代更比一代强。

例句 歌迷在演唱会上看到自己崇拜的歌星出场,一个个像是七月的河水——后浪推前浪,一齐向前台涌去,想一睹明星的风采。

八月桂花开——到处飘香

释义 既指香气散开,也指好名声广为流传。

例句 他可是个热心人,只要能做到的他总是尽力帮助别人。一提起他的大名那可是八月桂花开——到处飘香。

九月菊花逢细雨——点点入心

释义

本指细雨滋润花芯,转指说话、做事细致入微,深入人心。

例句

他的话有如九月菊花逢细雨——点点入心,听得我们大家热泪盈眶。

十月的桑叶——没人睬(采)

释义

农历十月,蚕已结茧,无人采摘桑叶。指某人或某物没人理会。

例句

他生性孤僻,平常从不跟别人来往,有时还装疯卖傻的,所以他如十月的桑叶——没人睬(采)。

十二月的白菜——动(冻)了心

释义

指思想、感情起了波动,或产生了某种想法。

例句

看来你对她真是十二月的白菜——动(冻)了心,不然你为什么总是提起她?

春天的杨柳——分外亲(青)

释义

分外:特别。指格外亲切、热情。

例句

海外游子重归故里,看见什么都像春天的杨柳——分外亲(青)。

惊蛰后的青竹蛇——一个比一个凶

释义

惊蛰:二十四节气之一,在3月5、6或7日。青竹蛇:一种毒蛇。惊蛰后,气温渐渐转暖,青竹蛇从冬眠中醒来,对人和动物构成危害。转指一个比一个凶猛、厉害。

例句

这两个人吵起来就是惊蛰后的青竹蛇——一个比一个凶,谁也不让谁。

夏天的温度表——直线上升

释义 指升高或提高的速度非常快。

例句 经过不懈的奋力拼搏,李丽这学期的成绩真是夏天的温度表——直线上升。

立秋的石榴——满脑袋点子

释义 立秋:在8月7、8或9日,我国以立秋为秋季的开始。本指秋季成熟的石榴果实里尽是籽儿,转指人想法多。

例句 你别看他平时不说话,他可是立秋的石榴——满脑袋点子,这事请他给拿主意吧。

冬天穿袄,夏天吃瓜——什么时候说什么话

释义 比喻人说话做事敏睿机智。

例句

最后，他干脆说："嫂子，冬天穿袄，夏天吃瓜——什么时候说什么话，你千不想万不想也得想想三个孩子，犯不着为了旁人连累自己。"（王火《血染春秋》）

三九天穿单衣——威（畏）风

释义

三九天：数九到第三个"九"时，一般是全年最冷的时期。形容有声势，有气派，让人敬畏。

例句

如今，他哥哥是总公司的经理，他在大家面前也趾高气扬，三九天穿单衣——威（畏）风啦！

端午节包粽子——有棱有角

释义

形容人有个性，也指才华外现。

例句

刚刚步入社会，我们个个都是端午节包粽子——有棱有角的，可是经过一段时间的磨练，我们就变得圆滑了。

端午节才贴对联——跟不上形势

释义 按大多数地方的民俗,过年贴春联。指人跟不上时代的步伐和形势的发展。

例句 阿姨,您的思想真是端午节才贴对联——跟不上形势了,您的眼光当然和我们的不一样啦!

中秋节赏桂花——花好月圆

释义 中秋节:农历八月十五,正是月亮最圆的时候。比喻生活美好圆满,也象征家人团聚。

例句 正值中秋节赏桂花——花好月圆之际,第十一届亚运会在北京隆重举行。

歇后语故事

长江流水——滔滔不绝

长江是我国第一大河,也是世界上最伟大、最壮丽的河流之一。长江干流全长六千三百公里,流域总面积一百八十余万平方公里,年平均入海量约九千六百亿立方米。以干流长度和入海量论,长江均居世界第三位。长江占全国河流径流量的37%,为我国第二大河——黄河的

20倍。长江的水能资源也极为丰富，相当于美国、加拿大和日本三国水能资源的总和。世界最大的水利枢纽工程三峡工程就位于长江在重庆奉节以下至湖北宜昌的三峡江段上。长江可供开发的水能总量达两亿千瓦，是中国水能最富集的河流。长江干流通航里程达两千八百多公里，素有"黄金水道"之称。

长江发源于世界屋脊——青藏高原，流经青海、西藏、云南、四川、重庆、湖北、湖南、江西、安徽、江苏、上海11个省、自治区、直辖市，在崇明岛以东注入东海。长江由数以千计的支流、干支流构成一个庞大的水系，流域面积占全国总面积的1/5。长江流域是中国人口密集经济繁荣的地区，沿江重要城市有重庆、武汉、南京、上海等。

"长江流水——滔滔不绝"，比喻连续不断，多用来形容人话多。

歇后语集锦

这山看着那山高——见异思迁

释义 指人意志不坚定，容易改变自己的想法。

例句 做人一定要有自己的主见，千万不要这山看着那山高——见异思迁，否则永远也找不到自己的位置。

戈壁滩上找泉水——困难得很

释义 戈壁滩：沙漠地区缺水，植物稀少。指困难程度非同一般。

例句 想精通一门外语，真是戈壁滩上找泉水——困难得很啊！

泰山顶上观日出——风光看不够

释义

泰山：在山东中部，又称"东岳"。指美丽景色让人百看不厌。

例句

蒋玲儿一到那儿，便大声叫道："快来看呀，眼前的景色好美，真是泰山顶上观日出——风光看不够啊！"

长白山的野人参——得之不易

释义

长白山：在我国东北部，产人参。指不容易到手，也指某些事不常发生，不容易办到。

例句

这颗珍珠是姥姥从国外带回来的，这可是长白山的野人参——得之不易啊！我怎能不好好珍藏呢？

世界地图吞肚里——胸怀全球

释义

指目光远大，心里装着全世界，也指人心胸宽广,不拘小节。

例句

他真是个好同志,世界地图吞肚里——胸怀全球,为了大局能忍辱负重这么多年。

大海退潮——水落石出

释义

退潮:潮水下降。本指水降下去,水底的石头就露出来,转指事情的真实情况总会被弄清。

例句

你可别胡乱猜测,事情总会有大海退潮——水落石出的一天,万一你冤枉了他怎么办?

太平洋里一滴水——微不足道

释义

形容事情微小,不值一提。

例句

他开始觉得这简直是太平洋里一滴水——微不足道的战斗,没想到却惨败。真是大江大海过得不少,今天竟在这小小的河沟里翻了船。

黄河的水——难请（清）

释义 黄河中下游的水里混有大量泥沙，比喻难以肃清混乱局面。

例句 妈妈对表姐说："你是稀客，黄河的水——难请（清），一定要在这多住几天。"

洞庭湖的麻雀——见过大风浪的

释义 洞庭湖：我国第二大淡水湖，在湖南省北部，长江南岸。比喻经历过大场面。

例句 我们可是洞庭湖的麻雀——见过大风浪的，生意场上的一次失败算不了什么。

峨眉山上的猴——机灵得很

释义 峨眉山：在四川省，山上猴子很多。形容人头脑灵活，精明强干。

例句 你可别看他人小,那可是峨眉山上的猴子——机灵得很,上次他骗了好多敌人呢!

赶着羊群过火焰山——往死里逼

释义 火焰山:在新疆吐鲁番盆地,夏天气温很高,山体呈红色,因此叫火焰山。指把人逼得走投无路。

例句 在工程进展的关键时刻,投资方突然撤资,这可真是把我们赶着羊群过火焰山——往死里逼。

西天出太阳——反常

释义 本指应从东方升起的太阳却从西边升起,转指事情跟正常情况不同。

例句 你今天起这么早,真是西天出太阳——反常啊!难道是去约会?

日落西山——红不过一会儿了

释义

本指夕阳不会持续多久,转指人走红后持续不了多久。

例句

咱们如今才好比一棵小树,青枝绿叶的,它还得长大,开花,结果,财主们已经是日落西山——红不过一会儿了。

月光下散步——形影不离

释义

本指影子随时跟着人,转指彼此关系密切,难舍难分。

例句

骄傲和失败永远像一对亲密的朋友,有如月光下散步——形影不离,因此即使成功在即,我们依然要保持谦虚谨慎的作风。

掩耳盗铃——自欺欺人

春秋时候,晋国贵族智伯灭掉了范氏。有人趁机跑到范氏家里想偷点儿东西,看见他家院子里吊着一口大钟。那口钟是用上等青铜铸成的,造型和图案都很精美。小偷心里高兴极了,想把这口精美的大钟背回自己家去。可是钟又大又重,怎么挪也挪不动。怎么办呢?他想来想去,只有一个办法,那就是把钟敲碎,再搬回家。

小偷找来一把大捶,拼命朝钟砸去,"咣"的一声巨响,把他吓了一大跳。小偷慌了,心想这下可糟了,这声音不就等于是告诉别人我正在这里偷钟吗?他心里一急,身体一下子扑到了大钟上,张开双臂想捂住钟声,可钟声又怎么捂得住呢?那钟声依然悠悠地传向远方。

他越听越害怕,不由自主地收回双手,使劲儿捂住自己的耳朵。"咦,钟声变小了,听不见了!"小偷高兴起来:"太好了!把耳朵捂住不就听不见钟声了吗?"他立刻找来两个布团,把耳朵塞住,心想,这下谁也听不见钟声了,于是他就放手砸起钟来。钟声响亮地传到很远的地方,人们听到钟声后一起赶来把他捉住了。

"掩耳盗铃——自欺欺人",比喻人愚蠢,欺骗别人也欺骗自己。

偷的锣儿——敲不得

释义

比喻事情不宜公开,以免泄密。

例句

哎哟!大少爷,这事可是偷的锣儿——敲不得,一旦泄露了秘密,那就只有死路一条了。

小偷进衙门——没理

释义

衙门:旧时官员办公的地方。指不合乎情理或没有人理会。

例句

不管怎么说,你先动手打人那就是小偷进衙门——没理,你再怎么狡辩也无济于事。

强盗打官司——包输

释义

强盗：使用暴力抢夺别人的财物的人。指确定所做的事一定不会赢。

例句

你要告他？你还不知道，他姐夫就是咱们县上的法官，你和他打官司那还不是强盗打官司——包输吗？

警察当扒手——知法犯法

释义

扒手：小偷。指明明懂得法律却有意去触犯。

例句

他利用工作之便，私自为犯人办理保外就医的手续，对他这种警察当扒手——知法犯法的行为，我们必须予以严惩。

此地无银三百两——自欺欺人

释义

指主动说出自己所犯罪行或心中的秘密。

例句 在考试中,你竟然抄袭别人的考卷,这不是此地无银三百两——自欺欺人的做法吗?

木匠戴枷——自作自受

释义 枷:旧时一种套在罪犯脖子上的木制刑具。本指木匠做的枷戴在自己的脖子上,转指自己做的事,后果由自己负责。

例句 你也不必替他难受,他是木匠戴枷——自作自受,给他点儿教训也好。

哥俩坐班房——难兄难弟

释义 指两个人的遭遇相同,或共同处在困境中。

例句 他们俩真可谓是哥俩坐班房——难兄难弟,虽然两个人出身不同,可遭遇却极为相似。

法场上的麻雀——胆子早吓大了

释义 法场：刑场。指经过多次磨练,胆子越来越大。

例句 她做了多年法医,看惯了各种尸体,她是法场上的麻雀——胆子早吓大了。

刑场上的囚犯——六神无主

释义 指因受惊吓而手忙脚乱不知所措,精神极度分散。

例句 面对这突如其来的打击,他真是刑场上的囚犯——六神无主,此时他最缺少的就是朋友的关心与帮助。

死诸葛吓走活仲达——生不如死

诸葛亮于公元234年在渭水东南岸与魏军相峙,一路上兵马劳顿,加上操劳过度引发疾病,于是命令所属,召集姜维、马岱安排后事,又吩咐杨仪:"我死后,不要发丧,可以做一个大龛,将我的尸体放在龛中,嘴里放入米粒,脚下点一盏长明灯。如果司马懿来追,你可

布成阵势,摇旗击鼓。等他来到,就将我的雕刻木像放在车上,推到队伍前面,命令将士们分列左右。司马懿见了肯定会惊吓而走。"一一布置妥当,当夜,诸葛亮去世了。

夏侯霸探得确切消息,赶紧报告说:"蜀军全部退走了。"司马父子率军直奔蜀寨,果然已空无一人,司马懿引军在前,追到山脚下,远远望见蜀兵,于是奋力追赶。忽然,背后喊声大震,姜维命杨仪举旗鸣鼓,树影中飘出大旗,上面写着:"汉丞相武乡侯诸葛亮。"司马懿惊呼:"孔明还活着,我中计了!"回头便逃。姜维从背后杀出来,魏兵魂飞魄散,丢盔弃甲,死伤无数。司马懿一口气跑了50余里,仍惊魂不定。蜀军从容撤退。

"死诸葛吓走活仲达——生不如死",用来形容有先见之明的人在临死前,设置死后对敌的良策。

屏风马气死巡河炮——以逸待劳

释义

本指象棋中屏风马形成的严密防御体系，使巡河炮起不到应有的作用，转指战争中采取守势，养精蓄锐，等敌人疲劳后再出击。

例句

省军原想屏风马气死巡河炮——以逸待劳，忍司令的五百壮汉根本不疲劳，欢实得跟马驹一样。

西面敲东面响——声东击西

释义

指制造假象迷惑人，表面宣扬要攻打这一边，其实是攻打另一边。

例句

对付敌人,他一向采用西面敲东面响——声东击西的战略方针,结果总能击败敌人。

鸠占鹊巢——反客为主

释义

鸠:鸟名。指客人反过来成为主人,也比喻形势发生了改变,由被动变成主动。

例句

你是客人,这顿饭应该由我来请,你怎么能鸠占鹊巢——反客为主呢?

王佐断臂——苦肉计

释义

《说岳全传》中说,得到取金国大将陆文龙的信任,王佐自断左臂诈降金军。指故意伤害自己,赢得了对方信任,以便动用某种计谋。

例句

他最怕的就是王佐断臂——苦肉计,一遇到这事,他就没辙了。

三十六计——走为上

释义

指无计可施时，逃走是最佳选择；泛指一走了之的策略。

例句

此时此刻，我看还是三十六计——走为上吧！不然受伤的还是自己。

刽子手咧嘴——笑里藏刀

释义

刽子手：旧时执行死刑的人。咧：嘴角向两边伸展。指表面看起来和善，内心不怀好意。

例句

这位表演艺术家塑造的人物形象往往是刽子手咧嘴——笑里藏刀，给广大观众留下了深刻的印象。

鸽子带风铃——虚张声势

释义

指假装出来强大的声势。

例句

别看他宣传得好，其实他这次举办的活动就是鸽子带风铃——虚张声势,根本没什么。

诸葛亮借东风——将计就计

释义

这个典故来自《三国演义》,孙权手下大将周瑜十分嫉妒诸葛亮的才能,几次设计想除掉他,都没有成功。周瑜和诸葛亮商量好火攻曹营的计划后,一直苦于没有东风。诸葛亮做法借来了东风,周瑜又借机要杀诸葛亮,诸葛亮事先已料想到,当夜借东风的掩护逃离了。

例句

连长明明知道这个人是对方打入我军的奸细,但他装作不知道,而是诸葛亮借东风——将计就计,让那个奸细带了许多假情报回去。

韩信点兵——多多益善

汉朝开国大将韩信为刘邦击败项羽建立汉朝立下了汗马功劳,刘邦自己也认为,他之所以能战胜项羽,得了天下,是因为重用了谋士张良、萧何以及武将韩信。所以,他当皇帝以后,分封韩信为楚王,给了他一大片土地和许多珠宝。

但是,韩信一直有些居功自傲,自认为在刘邦与项羽的楚汉战争中起到了关键性的作用,帮了刘邦的大忙,因此不怎么听刘邦的话,甚至还起了谋反的念头。他始终都认为自己的功劳大,本领高,傲慢得不得了,别人都不在他的眼里。

有一天,刘邦和他议论起将领带兵的本领来,想试探韩信对自己到底服不服,就问韩信:

"像我这样的才能,能带多少兵?"

韩信不知刘邦的用心,就说:"皇上不过能带十万兵。"刘邦又问:"那你能带多少兵呢?"韩信说:"我是越多越好。"刘邦听了,笑着问:"越多越好?可是你这个善于带兵的人怎么被我这个不善于带兵的人抓住了呢?"韩信这时才意识到自己说走了嘴,忙转弯说:"皇上不善于带兵,但善于带将军,所以我被您抓住了。"

"韩信点兵——多多益善",用来形容越多越好。

海军的衬衫——道道多

释义 本指水兵穿的海魂衫上有许多蓝白相间的条纹，转指人做事聪明，主意多。

例句 这个难题我解决不了，你还是去请教他吧，他可是海军的衬衫——道道多。

骑兵追击——马不停蹄

释义 指一直前进，一刻也不停留。

例句 这封信事关一个人的性命，你务必要骑兵追击——马不停蹄地赶到司令部，把它亲手交给司令,否则这个人就真的没命了。

程咬金上阵——三板斧

释义 程咬金是唐初大将,传说他使板斧作战,头三斧非常厉害,后面就不行了。比喻开始威猛,但后劲儿不足。也指本领不高,就开头那么几下子。

例句 别看他阵势摆得挺大的,其实他是程咬金上阵——三板斧,也没啥大本事,往后的局面还得咱兄弟撑着。

胸脯中了箭——伤透心

释义 胸脯:胸部。本指箭射穿了胸部,转指极度伤心、难过。

例句 你这么小的年纪就偷东西,这简直让含辛茹苦抚养你的爷爷、奶奶好比胸脯中了箭——伤透心了。

练兵场上的靶子——众矢之的

释义 矢：箭。的：箭靶的中心。比喻群起而进攻一个对象。

例句 太阳落山后，他走进了家门，便成了练兵场上的靶子——众矢之的，父母和妻子又开始数落他。

前有埋伏，后有追兵——进退两难

释义 比喻处境困难，不能进攻，也没有办法后退。

例句 当曹操逃到华容道，前有埋伏，后有追兵——进退两难时，关羽却放其逃走，以报昔日收留之恩。

手榴弹冒烟——近不得身

释义 本指不能靠近即将爆炸的手榴弹，转指人在气头上，别人应避而远之。

例句

对杀人犯应抱着手榴弹冒烟——近不得身的态度,因为他们是危险人物。

出了炮膛的穿甲弹——专门钻硬疙瘩

释义

穿甲弹:能击穿坦克等装甲的炮弹。疙瘩:硬块。比喻人勇于面对困难,善于迎接挑战,有拼搏精神。

例句

这条隧道是整个工程最艰巨的工段,咱们必须有出了炮膛的穿甲弹——专门钻硬疙瘩的攻坚精神,才能拿下这个工程。

枪膛里的子弹——不会拐弯

释义

本指子弹在枪膛里直线前进,转指人性情爽快,直来直去。

例句

你说话怎么像枪膛里的子弹——不会拐弯啊!这么一说多伤人自尊啊!

拿大炮打麻雀——大材小用

释义 大材料用在小地方，多指用人不当，人的才能得不到充分发挥。

例句 他进公司的时候，领导对他要求很高，希望很大，叫他干些重要工作，现在却叫他进进出出地干杂活，他觉得有点儿委屈，认为这是拿大炮打麻雀——大材小用。

高射炮手——见机行事

释义 高射炮：一种防空火炮。本指高射炮手瞄准敌机开火，转指人做事有头脑，根据形势采取一定的措施。

例句 这次抓捕行动危险性很大，大家一定要像高射炮手——见机行事，注意安全。

临阵磨枪——赶不上

释义 比喻时间来不及了。

例句 别人都把地种完了,你才想要买种子,真是临阵磨枪——赶不上时节啊!

鸟枪换炮——越来越好

释义 指渐渐有所进步或提高。

例句 与上代人比起来,我们的生活质量可以说是鸟枪换炮——越来越好。

歇后语故事

八仙过海——各显神通

传说八仙有一年应西王母的邀请,去瑶池赴蟠桃盛会,哪知走到东海,被无边的汪洋挡住了去路。

此时,吕洞宾提议:"我们各人都拿出一样法宝,丢入海中,就能平安抵达彼岸。"诸位神仙一致赞同。第一个站出来的是铁拐李。他把药葫芦丢入海中,竟化作一只龙舟,铁拐李

稳坐在上面,很快就过了东海。

韩湘子抛出了花篮,那花篮在海中滴水不浸,平稳得像巨船,韩湘子坐于其中也到达了彼岸。

其余神仙也都不甘示弱,个个抛出了自己的法宝。吕洞宾的法宝是箫,蓝采和的法宝是拍板,汉钟离的法宝是鼓,曹国舅的法宝是玉板,何仙姑的法宝是竹罩,一个个神采飞扬地渡过了东海。最奇的是张果老,他不慌不忙地从巾箱之中取出一只纸驴,说声"变",纸驴就变成一只可爱的小白驴,张果老倒骑于驴背之上,一下子就通过了浩淼的东海。

"八仙过海——各显神通",用来比喻办某件事时各人有各人的好办法。

歇后语集锦

灶王爷的横批——一家之主

释义

横批：同对联相配的横幅。旧时供奉灶王爷的地方写的横批是"一家之主"，指一个家庭里主事的人，泛指男人。

例句

在我们家，我老爸是灶王爷的横批——一家之主。

小庙里的神仙——担不得大香火

释义

比喻人地位低或能力差，难当大任。

例句

我还当车间主任吧，要我当经理去独当一面，那可不行，我是小庙里的神仙——担不得大香火！

反贴门神——不对脸

【释义】 门神：民俗中贴在两扇大门上驱鬼避邪的神像。本指反贴的门神脸不相向，转指双方想法、意见不统一或性格合不来。

【例句】 我走的是勤劳致富的路，你说的那个道儿是歪门邪道儿，跟我是反贴门神——不对脸。

太岁头上动土——胆大包天

【释义】 太岁：传说中的凶神，即木星，在木星的方位兴建工程就会有灾。比喻某件事没有人敢做。

【例句】 "电老虎"可不好惹，你这样带电操作简直是太岁头上动土——胆大包天！

龙王爷做法——呼风唤雨

【释义】 比喻人掀起种种风潮，也指能够掌控某种局面。

例句

他想让人们看看他有龙王爷做法——呼风唤雨的本事,想抓谁就抓谁!

隔门缝儿看吕洞宾——小看大仙

释义

比喻小瞧了有本领、有权位的人。

例句

人家找的对象是远近闻名的技术能手,你可别隔门缝儿看吕洞宾——小看大仙,把人家说得一无是处。

拜佛进了吕祖庙——走错了大门

释义

吕祖:吕洞宾。本指拜佛却错进了道教神仙吕祖的庙,转指走错了路,或弄错了对象。

例句

手机丢了应该到派出所报案,你却到检察院来,真是拜佛进了吕祖庙——走错了大门。

张果老骑驴——倒着走

释义 本指张果老背朝着前进的方向骑驴,转指朝相反的方向跑,比喻方向和所期望的目标相反。

例句 历史的潮流不可阻挡,我们要顺着这个潮流前进,而不能张果老骑驴——倒着走。

财神爷敲算盘——神机妙算

释义 财神爷即财神,民间信奉的管钱财的神。形容人善于估计客观形势,决定策略。

例句 哎呀!你真是财神爷敲算盘——神机妙算啊!我还没说就让你猜中了。

土地喊城隍——神乎(呼)其神

释义 城隍:古代传说中主管某个城的神。指神奇到了极点。

例句

他的医术被人们传得如土地喊城隍——神乎（呼）其神，但不知是否名副其实。

八仙聚会——神聊

释义

八仙：指吕洞宾、张果老、铁拐李、韩湘子、蓝采和、何仙姑、汉钟离、曹国舅八位神仙。指两个人或多个人不着边际地聊天。

例句

在这次同学聚会上，久违的朋友一见面便如八仙聚会——神聊起来，那场面真叫热闹。

庙里丢菩萨——失神

释义

本指庙里丢失供奉的神像，转指人精神萎靡或指人精神状态不佳。

例句

这几天你总是一副庙里丢菩萨——失神的样子，是不是心里有什么事瞒着我们啊？

庙里的泥胎——分不清是哪路神

释义

泥胎：还没上色装饰的泥塑像。比喻不清楚别人的身份、地位、来头。

例句

有五六个审问他的人都是他从没见过的,这可真是庙里的泥胎——分不清是哪路神。

庙里失盗——神不知鬼不觉

释义

失盗：财物被人偷走。本指鬼神不知道庙里丢了东西,转指人暗暗行动,没有人知道行踪。

例句

你以为你做的这事是庙里失盗——神不知鬼不觉啊?其实大家早都知道了,只是没人说而已。